小さめの「ストウブ」で早く楽にもっとおいしく！

14cm

20cm

22cm

今泉久美

文化出版局

4 パスタグラタンが
小さな「ストウブ」一つで作れます。
仕上げはオーブントースターで。——— パスタグラタン

6 たった1カップの水で、
じゃがいもが短時間に蒸し上がり、
ほくほくとして、
うまみ、甘みが増します。——— 蒸しじゃがいも／ポテトサラダ

8 分厚いチーズ入りのハンバーグが
まったく焦げることなく、
ふっくらジューシーに焼き上がります。——— チーズハンバーグ

10 「ストウブ」3つのエコな魅力

11 「ストウブ」の大きさに応じた使いこなし方を。

1人分の料理から4人分のサイドディッシュまで。

14 cm　　ラウンド
15 cm　　オーバル

contents

蒸し煮
12 豚バラ肉のはちみつ煮
12 アレンジ 豚バラ肉の混ぜご飯
14 ソーセージとキャベツのビネガー煮
15 じゃがいもとトマトの重ね煮
16 油揚げの袋煮
17 りんごとさつまいもの重ね煮

蒸焼き
18 トマトのファルシ
20 帆立貝のアンチョビー焼き
21 カマンベールのチーズフォンデュ

じか蒸し
22 蒸しとうもろこし
23 アレンジ コールスローサラダ
22 蒸しなす
23 アレンジ 蒸しなすの香味だれ
24 半熟卵
24 アレンジ 半熟卵のシーザーサラダ
25 かきの昆布蒸し
26 いかとあさりのトマト風味
27 鯛のわかめ蒸し

炊く
28 うなぎのひつまぶし風
30 梅干しとみょうがのご飯
31 ビビンパ風炊込みご飯
32 ひじきの煮物
32 昆布のつくだ煮
32 切干し大根の煮物

天火焼き
34 オニオングラタンスープ
36 帆立貝とほうれん草のグラタン
37 焼きカレードリア
38 りんごのクランブル
39 洋梨のフラン

定番の料理作りに欠かせない使い勝手のいい大きさ。

20cm　ラウンド
23cm　オーバル

蒸し煮
- 40　さらさらビーフシチュー
- 42　牛肉と里芋のごまみそ煮
- 43　スペアリブのマーマレード煮
- 44　塩肉じゃが
- 45　豚ヒレ肉とトマトのカレー
- 46　ナン、キーマカレー
- 48　ミートソーススパゲッティ
- 49　アレンジ かぼちゃのグラタン
- 50　スンドゥブチゲ
- 51　参鶏湯風おかゆ
- 52　さばのみそ煮
- 53　さんまのオイスターソース煮
- 54　いなりずし
- 54　根菜汁

蒸焼き
- 56　ローストビーフ
- 58　ラムチョップのローズマリー焼き
- 59　ぶりのカレー風味焼き
- 60　じゃがいものローズマリー焼き
- 60　スナップえんどうの蒸焼き
- 61　ズッキーニの蒸焼き
- 61　にんじんの蒸焼き
- 62　ピザ風カルツォーネ
- 63　フレンチトースト

じか蒸し
- 64　茶碗蒸し
- 64　アレンジ 茶碗蒸しの梅あん
- 66　枝豆蒸し
- 66　玉ねぎの梅おかかあえ
- 67　ブロッコリーのごまあえ
- 67　カリフラワーのみそマヨかけ

炊く
- 68　かきご飯
- 70　えびとたこのパエリャ
- 71　きのこのリゾット
- 72　赤飯
- 74　お汁粉
- 74　おはぎ

揚げる
- 76　じゃがいもスナック
- 76　黒ごまドーナッツ

本書の決り
- 塩は天然塩、砂糖は上白糖、バターは有塩バター、生クリームは動物性乳製品を使用。
- 「油」と表記したものは、好みの植物油を使ってください。
- 1カップは200㎖、1合は180㎖、大さじ1は15㎖、小さじ1は5㎖。
- 「加熱時間」はガスで調理したときの目安です（下ゆでなど「ストウブ」以外のなべを使った場合は除く）。IHの場合は誤差が出ますので調節してください。「放置時間」は火を止めてふたを閉めた状態でおき、余熱で調理をするものです。
- 「ストウブ」はガスコンロ、IH、ハロゲン、オーブンといろいろな熱源で調理ができます。火加減はごく弱火から強めの中火まで。ガスコンロは、強火を避けて、なべの底から火が出ない火加減を守ってください。急激な温度変化はなべを傷めるので、熱いなべをすぐに流水で洗うのも避けてください。

たっぷり作ってアレンジを楽しんだり、パンや燻製作りまで。

22cm　ラウンド

- 78　塩豚ポトフー
- 78　アレンジ 塩豚のリエット風
- 80　黒豆のみつ煮
- 81　アレンジ 黒豆と豚肉のトマト煮
- 82　蒸し鶏の四川風ピリ辛だれかけ
- 83　アレンジ 蒸し鶏の冷やしめん
- 84　ソフトベーコン
- 85　鮭の燻製
- 86　シナモンロールパン

コラム
- 28　雑穀ご飯もおいしく
- 40　玉ねぎの蒸らしいため
- 54　だし汁は電子レンジで

パスタグラタンが
小さな「ストウブ」一つで作れます。
仕上げはオーブントースターで。

14 cm　　　　　　　　　　ラウンド

15 cm　　　　　　　　　　オーバル

小さな「ストウブ」のいい点は軽くて扱いが楽なことと、なべごと料理を食卓で楽しめることでしょう。15㎝オーバルのなべ一つで作るパスタグラタンをご紹介します。「ストウブ」を中火弱の火にかけてバターをとかし、玉ねぎをしんなりするまでいため、鶏肉を加えていため、火を通します。ここに水を加えて沸騰したらパスタを折り入れます。カリフラワー、牛乳と上新粉を混ぜたものを順に加え、とろみが出たら塩、こしょうを。仕上げにチーズをのせて、オーブントースターで焼き、表面に焦げ目がついたらでき上り。取り出すときは熱いので充分に気をつけて。ガス火はもちろん天火にもかけられる利便性も「ストウブ」の大きな魅力の一つです。

パスタグラタン

15cm オーバル　加熱時間12分 ＋ オーブントースターの加熱時間4〜5分

材料（1人分）
玉ねぎ（薄切り）　¼個分（50g）
鶏胸肉（5mm幅に切る）　50g
スパゲッティ　40g
カリフラワー
　（一口大に切る）　50g
A ┌ 牛乳　¾カップ
　└ 上新粉　小さじ2
塩、白こしょう　各適宜
バター　大さじ½
ピザ用チーズ　20g

作り方
1　なべを中火弱の火にかけてバターをとかし、玉ねぎをしんなりするまで蒸らしいため☆にする（**a**）。塩、こしょう各少々をふった鶏肉を加えて炒め、ふたをして弱火で1分ほど加熱して火を通す。
2　1に水½カップを注いで（**b**）中火弱にし、煮立ったらパスタを3等分に折って加え混ぜる（**c**）。再び煮立ったら弱火にし、ときどき上下を返して6分煮る。
3　2にカリフラワー、混ぜたAを加えて（**d**）中火弱にし、軽く混ぜてとろみをつける（**e**）。味をみて塩、こしょう各少々で調味する。
4　3にチーズをのせる。これを天板にのせてオーブントースターに入れ、4〜5分焦げ目がつくまで焼く。

☆蒸らしいためはp.40参照
＊オーブントースターの代りに、魚焼きグリルやオーブンで焼いてもいい。

a

b

c

d

e

たった1カップの水で、
じゃがいもが短時間に蒸し上がり、
ほくほくとして、
うまみ、甘みが増します。

20cm ラウンド
23cm オーバル

20cmラウンドの「ストウブ」に大きめのじゃがいも4個を入れ、1カップの水を注いで火にかけます。ふたはわずかにずらしてのせ、水分が沸騰したのを確認したら、きちんと閉めます。このふたの扱いが、わずかな水分で短時間に蒸せる"エコなレシピのこつのこつ"です。加熱時間が過ぎたら火を止めて5分間放置。すると余熱でじんわりと火が入って無駄がありません。まずは蒸したてにバターをのせて召し上がれ。あるいは、熱いうちにつぶしてポテトサラダにしてみましょう。

蒸しじゃがいも

20cm ラウンド　加熱時間22分 ＋ 放置時間5分

材料（作りやすい分量）
じゃがいも　4〜5個（約600g）

作り方
なべにじゃがいもと水1カップを注いで（**a**）火にかけ、ふたをずらしてのせる（**b**）。煮立ったらふたを閉め（**c**）、弱火で20分（大きければ25分）蒸す。火を止めて5分おく。

ポテトサラダ
じゃがいものおいしさを生かしたいので、加える素材はシンプルに。

材料（4人分）
蒸したじゃがいも
　（熱い状態で）　4〜5個
A ┌ 酢、油　各大さじ1
　├ 塩　小さじ¼
　└ こしょう　少々
紫玉ねぎ（薄切り）　¼個分
パセリ（粗みじん切り）　大さじ4
ゆで卵　3個
マヨネーズ　大さじ4〜5
塩、粗びき黒こしょう　各少々

作り方
1　じゃがいもは熱いうちにタオルに包んで皮をむき、ボウルに移す。へらでざっくりとほぐし、Aを混ぜて人肌程度まで冷ます。
2　玉ねぎは、塩、砂糖各少々（分量外）を加えた冷水に浸してぱりっとさせ、水気をふく。
3　1にマヨネーズ、2とパセリ、ざっくりつぶしたゆで卵を加え、塩、こしょうで調味しながらよく混ぜる。

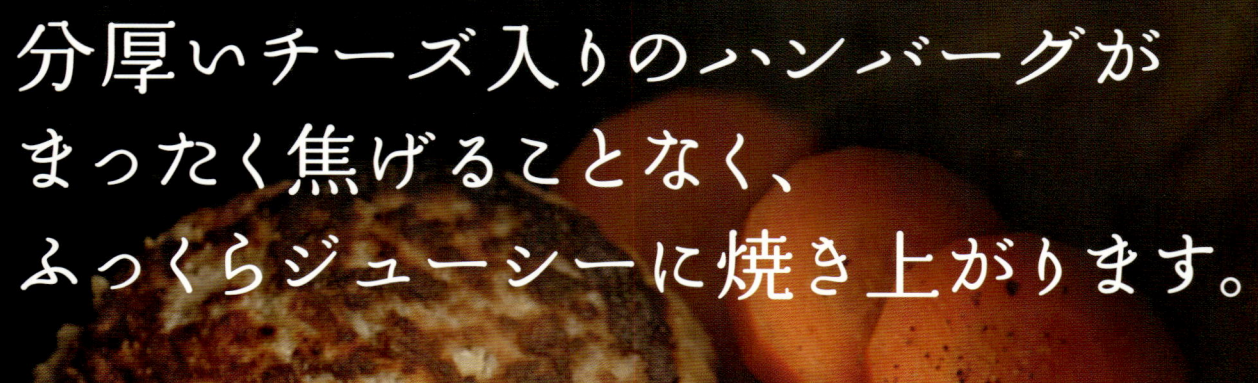

分厚いチーズ入りのハンバーグが
まったく焦げることなく、
ふっくらジューシーに焼き上がります。

22cm

ラウンド

ハンバーグを焼いているうちに肉汁が出て小さく縮んでしまった、中まで火を通そうとしたら表面が真っ黒に焦げてしまった、という声をよく聞きます。「ストウブ」は厚みのある鋳鉄製なので火の当たりがやわらかく、また、なべ肌に施された黒マットエマイユ加工によってくっつきや焦げつきが防げるので、ハンバーグを焼くのにまさにうってつけです。22cmラウンドの「ストウブ」で、厚く大きく丸めたハンバーグを焼いてみましょう。たねの表面を焼きつけたら、ふたをして蒸焼きに。焦げたり縮んだりせずに、肉汁たっぷりに焼き上がるはずです。なべの大きさを生かして野菜の付合せも同時に作り、手間を省きます。

チーズハンバーグ

22cm ラウンド　加熱時間14分 ＋ 放置時間2分

材料(2人分)
合いびき肉(赤身)　200g
玉ねぎ(みじん切り)
　小½個分(80g)
食パン(6枚切り)　½枚(30g)
牛乳　大さじ1
A ┌ とき卵　½個分
　│ 塩　小さじ⅓
　│ 粗びき黒こしょう、ナツメッグ
　│ 　(あれば)　各少々
　└ かたくり粉　小さじ½
ナチュラルチーズ
　(3cm角5mm厚さ)　2枚
油　大さじ1
かぶ(茎を1cm残して
　くし形切り)　小1個分
にんじん
　(5mm厚さの輪切り)　6枚
塩、白こしょう　各少々
酒　大さじ1
クレソン　2本
B ┌ トマトケチャップ、
　│ 　赤ワイン　各大さじ2
　└ ウスターソース　大さじ½

作り方
1　耐熱カップに玉ねぎを入れる。ふんわりとラップフィルムをかけ、600Wの電子レンジで2分加熱して冷ます。

2　食パンはさっと水につけて水気を絞る。ボウルに入れ、牛乳を加えてほぐす。そこに、ひき肉、**1**、Aを加えて同じ方向に手でよく練り混ぜ、2等分にして空気を抜く。たねを広げ、中央にチーズをのせて包み、小判形に整える。

3　なべに油を入れて中火にかけて熱し、**2**を入れて1分焼く。ふたをずらしてのせ、ごく弱火にして5分蒸焼きにする。中火にして上下を返して酒をふり、横に、塩、こしょうをふったにんじんとかぶを並べ、ふたをして5〜6分蒸焼きにする。火を止めて2分おく。

4　器に**3**を盛り、クレソンを添える。なべをペーパータオルでふき、**B**を入れて、混ぜながら弱火で煮つめてハンバーグにかける。

「ストウブ」3つの
エコな魅力

1 抜群の熱伝導と保温性を誇る、
ほうろうがけの鋳鉄製。
料理の仕上りが早く、美しく、
味わいも数段アップします。

「ストウブ」はフランス製の鋳物ほうろうなべ。そのしっかりとした厚み、重さは、抜群の熱伝導と保温性の高さの源です。加熱時間は最小限でOK、火を止めても余熱でさらに調理が進む「ストウブ」なら、光熱費が節約できるばかりか、どのなべで作るよりもおいしく仕上がることに驚かれるはず。いったん沸騰したら火加減をとろ火にしてみましょう。煮立ちは変わらずに続き、なべ全体に効率よく熱が回っているのがわかります。食材全体にむらなく火が通るので、料理の仕上りも早く、美しく、味わいもまた数段アップするというわけです。

2 ふた裏についた丸い突起のピコが
なべの中の蒸気を循環させます。
わずかな水分と調味料で、
蒸すように煮炊きができます。

もう一つの特徴は、密閉性が高く重いふたの裏側に並んだ丸い突起、ピコにあります。調理が進むと蒸気が上がってふた裏につき、その水分がピコを伝わって滴り落ち、また熱せられて蒸気になるという循環が起こります。少量の水分がなべの中を循環して蒸すように煮炊きがされるから、食材のうまみを封じ込め、栄養も逃さないのです。水分はもちろんですが、調味料も最小限ですむので無駄がありません。

3 なべ肌に施されたざらざらとした
黒マットエマイユ加工によって、
くっつきや焦げつきが最小限に。
洗うのも簡単で長くきれいな状態が保てます。

なべ肌に施された黒マットエマイユ加工も特筆しなくてはなりません。黒マットエマイユ加工は、ガラス質エナメルであるほうろうを、三度の手間をかけて薄くふきつけては焼いたものです。そのざらざらとした凹凸によって食材との接点が減り、ご飯を炊いたり、肉や魚を焼いたりしてもくっつきや焦げつきが少なく、汚れを洗うときも簡単です。燻製を作ってもなべに全然ダメージがありません。それもこれも黒マットエマイユ加工のおかげでしょう。

「ストウブ」の大きさに応じた使いこなし方を。

本書では、「ストウブ」の力で早く、おいしく、栄養たっぷりな料理をという提案に加えて、調理の手間を楽にという視点で、「ストウブ」の大きさに応じた料理作りを紹介しています。

14cm ラウンド

15cm オーバル

→ p.12〜

1人2人の少人数向けの料理や、毎食の炊飯、あるいはサイドディッシュやデザート作りにもよく、オーブンにもかけやすい14cmのラウンド、15cmのオーバルを使って、新しい料理の提案を盛り込みました。小さいなべは持ち上げたり洗ったりするときの軽さがうれしく、調理が楽になることを実感していただけるでしょう。

20cm ラウンド

23cm オーバル

→ p.40〜

定番メニューは、いちばん使い勝手のいいサイズである20cmのラウンド、23cmのオーバルを多用して、「蒸し煮」「蒸焼き」「じか蒸し」「炊く」「揚げる」とさまざまな調理法をご紹介しています。

22cm ラウンド

→ p.78〜

容量が少し多めなのに重すぎないのが22cmのラウンドです。豆など多めにゆでて展開させる料理や、パンや燻製作りなどにもおすすめです。

・手洗いをおすすめします。水で薄めた中性洗剤をスポンジにつけて洗います。焦げついたときはしばらくお湯に浸しておけば、簡単に汚れが落ちます。頑固な焦げつきの場合は、水3カップ、重曹大さじ1を入れてさっと煮立て、しばらくおくといいでしょう。

・洗ったらふきんで水分をよくふきます。なべもふたも縁がさびやすいので丁寧に。表面が乾くまではふきんの上に伏せ、最後に水気をもう一度ふきます。

・「ストウブ」は加熱すると、つまみとなべ全体がたいへん熱くなるので、必ずなべつかみを使います。

・金属製の調理器具はほうろうを傷つけるので、木製やシリコン製がおすすめです。

1人分の料理から4人分のサイドディッシュまで。

 **14**cm　　　　　　　　　　　ラウンド

 **15**cm　　　　　　　　　　　オーバル

蒸し煮

なべの中を少量の水が循環し、まるで蒸すようにして煮て素材のうまみを封じ込めるから、早くおいしく煮上がります。小さめの「ストウブ」ならではの、食べたい分だけ気楽に作る煮物をご紹介。

豚バラ肉のはちみつ煮

塊肉がすっぽり入る小さい「ストウブ」なら、煮汁、加熱時間が共に少なくてすみ、おいしいうえに合理的です。

14cm ラウンド　　加熱時間42分　＋　放置時間1時間

材料（4人分）
豚バラ肉（塊）　1本（約400g）
A ［はちみつ、しょうゆ、酒　各大さじ3］
溶きがらし　適宜
好みの野菜　適宜

作り方
1　なべに豚肉を丸めるように入れる（または切ってもいい）（写真）。Aを加えてふたをずらしてのせ、中火弱の火にかける。煮立ったらふたをし、ごく弱火にして40分煮る。途中で上下を一度返す。
2　火を止めて1時間おき、浮いた脂をすくう。食べやすい大きさに切り、溶きがらしや野菜を好みで添える。

＊煮ているとき、ふきこぼれそうになったら、ふたを少しずらして煮る。
＊残った煮汁は冷まして脂を固めて除き、ゆで卵などを煮るといい。
＊豚肉は肩ロースやもも肉でも。

アレンジ
豚バラ肉の混ぜご飯
脂身の甘みがご飯にのった簡単美味な一品。

材料（2人分）
豚バラ肉のはちみつ煮
　（1cm角に切る）　50g
温かいご飯　300g
万能ねぎ（小口切り）　3本分
塩、粗びき黒こしょう　各少々
豚バラ肉の
　はちみつ煮の煮汁　適宜

作り方
ボウルにご飯を入れ、豚バラ肉のはちみつ煮、万能ねぎ、塩、こしょうを加えて混ぜる。味をみて煮汁を加え、さっくり混ぜ合わせる。

ソーセージとキャベツのビネガー煮

ザワークラウト風とソーセージをひとなべで作ります。
ホットドッグにしてもおいしい。

15cm オーバル　加熱時間**7**分 ＋ 放置時間**2**分

材料（2人分）
ウィンナーソーセージ　大2本（100g）
キャベツ　2～3枚（150g）
塩、粗びき黒こしょう　各少々
白ワインビネガー　大さじ1
粒マスタード　適宜

作り方
1　キャベツは細切りにする。
2　なべにキャベツを入れて塩、こしょうをふる。ウィンナーを曲げてのせ、ワインビネガーをふる。
3　ふたをずらしてのせ、中火弱の火にかける。煮立ったらふたをし、ごく弱火にして5分蒸し煮にし、火を止めて2分おく。粒マスタードを好みで添える。

材料(2〜3人分)
じゃがいも　2〜3個(300g)
玉ねぎ　¼個(50g)
トマト　½個(75g)
A ┌ 塩、白こしょう　各少々
　│ チキンコンソメのもと
　└ 　(手でくずす)　½個分
酒　大さじ1

じゃがいもとトマトの重ね煮
野菜の甘みと酸味が引き立つサイドディッシュ。
肉や魚をソテーするかたわらでさっと作れます。

14cm ラウンド　　加熱時間**12**分 ＋ 放置時間**5**分

作り方
1　じゃがいもは皮をむいて薄い輪切りにし、水にさらして水気をきる。玉ねぎは薄切りにする。トマトは皮ごと1cm角に切る。

2　なべにじゃがいも、玉ねぎ、トマトを½量ずつ入れ、Aの½量をふる。同様に残りの野菜、Aの順に加え(写真)、水大さじ2と酒をふる。

3　ふたをずらしてのせ、中火弱の火にかける。煮立ったら、ふたをしてごく弱火にし、10分蒸し煮にする。火を止めて5分おく。

油揚げの袋煮

卵の入った油揚げをめんつゆ、酒、砂糖で煮るだけ。
酒の肴にはもちろん、ご飯によく合うおかずになります。

14cm ラウンド　加熱時間14分 ＋ 放置時間5分

材料（4人分）
油揚げ（いなりずし用）　小2枚
A ┌ めんつゆ
　│　（市販。3倍濃縮タイプ）
　│　大さじ2
　│ 酒、水　各大さじ2〜3
　└ 砂糖　小さじ1
卵　4個

作り方
1　油揚げは横半分に切る。熱湯に入れて上下を返し、さっとゆでて油抜きをする。水にとって冷まし、両手ではさんで水気を絞る。
2　なべにAを入れ、中火で煮立てて火を止める。
3　卵は小さめのボウルに1個ずつ割り入れ、1の油揚げに1個ずつ入れる。切り口をようじで縫うようにとめる。
4　2に3を入れ（写真）、ふたをずらしてのせて中火弱の火にかける。煮立ったらふたをし、ごく弱火にして10分煮る。上下を返して火を止め、5分おく。

りんごとさつまいもの重ね煮

軽やかなレモンの酸味と二つの素材の甘みが箸休めにぴったり。
アイスクリームを添えればデザートにもなります。

15cm オーバル　加熱時間 14分 ＋ 放置時間 5分

材料（3人分）
りんご（ふじなど）　½個
さつまいも　中1本（200g）
砂糖　大さじ2
A ［ レモン汁、水　各大さじ1
バター　小さじ1
シナモンパウダー　少々

作り方
1 さつまいもは皮をつけたまま薄い輪切りにし、水にさらして水気をきる。りんごはくし形に切り、芯を取って皮をむき、薄切りに。
2 なべにさつまいも、りんごを½量ずつ入れ、砂糖大さじ1をふる。同様に残りのさつまいも、りんご、砂糖の順に加えてAをふり、バターをのせる。
3 ふたをずらしてのせ、中火弱の火にかける。煮立ったらふたをし、ごく弱火にして12分煮る。火を止めて5分おき、シナモンパウダーをふる。

蒸焼き

食材の表面を焼きつけてからふたをして仕上げる"蒸焼き"。まるでオーブンで調理したかのように火が通り、しっとりジューシーに仕上がります。しかもオーブンよりも手間なく早く焼けて簡単です。

トマトのファルシ

豚ひき肉とご飯を混ぜ、トマトのカップに詰めて焼きます。
ひとなべで2個分のトマトが蒸焼きにできますが、
4個分ならなべを二つ使います。

15cm オーバル　加熱時間14分 ＋ 放置時間3分

材料（2個分）
トマト　2個（260〜300g）
温かいご飯　50g
豚ひき肉（赤身）　50g
A ┌ 玉ねぎ（みじん切り）⅛個分（25g）
　│ パセリ（みじん切り）　大さじ1
　│ 塩　小さじ¼
　└ 粗びき黒こしょう　少々
オリーブ油　小さじ1
好みのナチュラルチーズ　30g

作り方

1　トマトはへたのほうから1cmほどを切り落とし、包丁でぐるりと切込みを入れて、身と種を取り出す。

2　ボウルにご飯、ひき肉、Aを入れて混ぜ、**1**に等分に詰める。

3　なべにオリーブ油を入れ、中火弱の火にかけて**2**を並べる（写真）。ふたをずらしてのせ、パチパチと焼ける音がしてきたら、ふたをしてごく弱火にし、10分蒸焼きにする。チーズを等分にのせてさらに2分蒸焼きにし、火を止めて3分おく。

＊残ったトマトの身と種（約100g）は角切りにし、筋を取って刻んだセロリ（25g）と合わせてミキサーに入れ、ジュースにするといい（右ページの写真）。好みでレモン汁やオリーブ油を加えても。

＊4個分を作るときは、材料を2倍にしてなべ二つで作る。

帆立貝のアンチョビー焼き

新鮮な帆立貝柱をさっと焼いたシンプルな一品。
貝のうまみがぎゅっと凝縮され、ジューシーに焼き上がります。

14cm ラウンド　加熱時間3分 ＋ 放置時間1分

材料（2人分）
帆立貝柱（刺身用）　大4個（120～150g）
塩、粗びき黒こしょう　各少々
A ┌ アンチョビー（細かく刻む）　1本分
　├ にんにく（すりおろす）　少々
　└ オリーブ油　小さじ2
ライム（半月切り）　1切れ

作り方

1　ボウルに帆立貝柱を入れて塩、こしょうをふり、Aをからめる。

2　なべを中火弱の火にかけて熱し、1を入れて片面を焼き（写真）、上下を返し、ふたをして1分蒸焼きにする。火を止め、1分ほどおいて好みの加減に火を通す。器に汁ごと盛り、ライムを好みで添える。

カマンベールのチーズフォンデュ

保温性の高い「ストウブ」だから、チーズをとかして食卓に運んでも
とろとろの状態が保たれます。ワインを添えて召し上がれ。

14cm ラウンド　加熱時間10分 ＋ 放置時間2～3分

材料（4～6人分）
カマンベールチーズ　1個（125g）
A ┌ 赤みそ、砂糖、みりん　各小さじ1
青じそ（せん切り）　適宜
好みのスティック野菜
　　（にんじん、セロリなど）　適宜
バゲット（薄く切って焼く）　適宜

作り方

1　カマンベールチーズは片面を薄く削り落とし、室温に戻す。

2　なべに1の切り口を上にして入れ、ふたをして弱火にかけ、5分蒸焼きにする。ごく弱火にして、さらに5分蒸焼きにする。混ぜたAをかけて火を止め（写真）、ふたをして2～3分おく。青じそをのせ、野菜、バゲットを添える。

じか蒸し

蒸気が効率よく循環して短時間で蒸し物が作れるのも「ストウブ」ならではです。少量の水分や調味料でさっと蒸すだけで素材の持ち味が引き出され、栄養も逃がしません。小さい「ストウブ」で気楽に蒸し物を!

蒸しとうもろこし
ゆでるより"蒸す"のがいちばんおすすめのとうもろこし。
まずは蒸したての味わいを楽しんでください。

14cm ラウンド　　加熱時間**7分**

蒸しなす
丸のままのなすにむらなく火が通るのも熱伝導率の高い「ストウブ」だから。
しっとりと蒸されたなすは、しょうがじょうゆだけでも美味。

15cm オーバル　　加熱時間**7分**

材料（1本分）
とうもろこし　1本

作り方
1　とうもろこしは皮をむいてひげ根を取り、3等分に切る。
2　なべに**1**、水¼カップを入れてふたをずらしてのせ、中火にかける。沸騰したらふたをし、ごく弱火にして5分蒸す。ざるに上げて水気をきる。
＊やわらかく仕上げたい場合は、蒸した後に火を止め、そのまま2分おいても。

アレンジ
コールスローサラダ
軽く蒸したとうもろこしの食感のよさ、甘さを生かした、カレー風味のコールスローサラダです。

材料（2〜3人分）
蒸したとうもろこし
　（粗熱を取ったもの）　1本
キャベツ　4枚（200g）
A ┌ 酢、油　各大さじ1
　│ 塩、砂糖　各小さじ⅓
　└ カレー粉　小さじ½
パセリ（細かくちぎる）　適宜

作り方
1　とうもろこしは包丁などで実をそぎ落とす。キャベツは細切りにする。
2　ボウルに**1**を入れ、Aを順に加えて混ぜる。器に盛り、パセリを散らす。

材料（小2個分）
なす　小2個

作り方
なすはへたを落とす。なべに入れて水¼カップを注ぎ、ふたをずらしてのせて中火にかける。沸騰したらふたをし、ごく弱火にして5分蒸す。ざるに上げて流水をさっとかけ、そのまま冷ます。

アレンジ
蒸しなすの香味だれ
長ねぎ、しょうが、にんにくのたれが食欲をそそります。
そうめんや冷やし中華に添えてもいいものです。

材料（2人分）
蒸したなす　小2個
A ┌ 長ねぎ（みじん切り）
　│ 　5cm長さ分
　│ しょうが（みじん切り）
　│ 　½かけ分
　│ にんにく（みじん切り）　少々
　│ しょうゆ　大さじ1
　│ 酢　大さじ½
　│ 砂糖、ごま油　各小さじ½
　└ 豆板醤　少々

作り方
1　なすはくし形に切る。
2　器に**1**を盛り、Aを混ぜてかける。

半熟卵

たった¼カップの水で、短時間のうちに半熟卵が作れます。
なお、加熱時間を7分、放置時間を10分に延ばすと固ゆで卵に。

14cm ラウンド　加熱時間5分 ＋ 放置時間2分

a　b

材料（2個分）
卵（室温に戻したもの）　2個

作り方
1 卵は殻の丸みのあるほうに包丁の刃の角で小さな穴をあける。
2 なべに**1**、水¼カップを入れて（**a**）ふたをずらしてのせ、中火弱の火にかける。沸騰したらふたをし、ごく弱火にして3分蒸す。火を止め、2分おく（**b**）。
＊殻に穴をあけると黄身がかたよりにくく、殻がむきやすい。

アレンジ
半熟卵のシーザーサラダ

ソースのように半熟卵をロメインレタスにからめていただきます。

材料（2人分）
半熟卵　2個
バゲット（1cm厚さ）　6枚
にんにく　小½かけ
ロメインレタス　6枚
A ┌ 塩、粗びき黒こしょう　各少々
　│ オリーブ油　適宜
　│ パルミジャーノ・レッジャーノ（おろす）
　└ 大さじ2

作り方
1 バゲットはオーブントースターでかりっとするまで焼き、にんにくの切り口をこすりつける。
2 ロメインレタスは食べやすく切って器に盛り、半熟卵を割り落とす。Aを順にかけ、**1**を粗くちぎりながらのせる。

かきの昆布蒸し

かきが苦手でも蒸しがきなら食べられるという人も多いようです。
ぷっくりと蒸されたかきに昆布のうまみがのって絶品。

14cm ラウンド　加熱時間**5〜6**分

材料（2人分）
- かきのむき身（加熱用）　大6個
- 昆布（8cm角）　1枚
- かたくり粉　小さじ1
- しめじ　⅓パック
- 酒　大さじ2
- すだち（横半分に切る）　1個分
- ぽん酢しょうゆ　適宜

作り方
1　なべに表面をさっとふいた昆布、水大さじ2を入れ、10分おく。
2　かきはかたくり粉をからめ、水洗いをして水気をふく。しめじは石づきを落としてほぐす。
3　1に2を入れて酒をふり（**a**）、ふたをずらしてのせて中火弱の火にかける。煮立ったら、ふたをして弱火にし、かきがふっくらとするまで3〜4分蒸す（**b**）。器に盛ってすだちを添え、ぽん酢しょうゆを好みでかける。

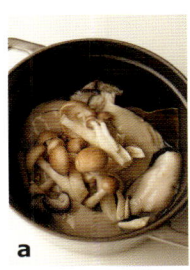

a

b

いかとあさりのトマト風味

蒸上りに中身を一混ぜすると、一気に貝の口が開いて、なべから魚介があふれ出る、とびきりおすすめの一品。

14cm ラウンド　加熱時間6分

材料(3人分)
するめいかの胴　小1ぱい分
あさり(殻つき)　200g
塩　適宜
にんにく(みじん切り)
　½〜1かけ分
オリーブ油　大さじ1½
ミニトマト(へたを取る)　6個
白ワイン　大さじ2
パセリ(細かくちぎる)　適宜

作り方
1 あさりはバットに入れ、塩水(塩小さじ1＋水1カップの割合)に浸してアルミフォイルで覆い、冷蔵庫におく。30分以上たったら流水でこすり洗いをし、水気をきる。いかは1cm幅に切る。

2 なべにオリーブ油大さじ1、にんにくを入れ、中火にかけてさっといため、あさり、いか、ミニトマトの順に入れる。白ワインをふって(**a**)ふたをし、中火弱の火加減にして3分蒸す。

3 上下を返して混ぜ(**b**)、あさりの口が開いたら器に盛り、オリーブ油大さじ½をかける。味をみて塩少々をふり、パセリを散らす。

鯛のわかめ蒸し

わかめの香りも高く、しっとりと火の入った鯛は美味の一言。
好みのぽん酢しょうゆか柑橘酢で召し上がれ。

14cm ラウンド　加熱時間9分

材料(1人分)
鯛(切り身。骨なし)
　　1切れ(70〜80g)
塩　少々
わかめ(塩蔵)　40g
長ねぎ　20cm
酒　大さじ2
ぽん酢しょうゆ　適宜

作り方
1　鯛は塩をふり、10分おく。わかめはさっと水で洗い、たっぷりの水に2分つけてもどす。水気を絞り、食べやすく切る。長ねぎは5cm長さに切り、四つ割りにする。

2　なべに長ねぎ、水気をふいた鯛、わかめの順に入れて酒をふり(写真)、ふたを少しずらしてのせて中火にかける。煮立ったらふたをし、弱火にして7分蒸す。鯛に火が通ったら器に盛り、ぽん酢しょうゆを好みでかける。

炊く

14cmラウンドの「ストウブ」は、1合半の米を炊くことができます。ざらざらとした黒マットエマイユ加工のなべ肌は、ご飯を炊いてもくっつきにくく、洗うときも簡単。ここではご飯から乾物料理までをご紹介。

うなぎのひつまぶし風

ご飯の炊上りにうなぎのかば焼きをのせ、10分放置して仕上げます。
そのままはもちろん、だしやお茶をかけても。

14cm ラウンド　加熱時間 13分 ＋ 放置時間 10分

材料（2人分）
米　1合
うなぎのかば焼き　100～150g
蓮根（細めのもの）　50g
酒　大さじ1
塩　少々
実ざんしょうのつくだ煮
　小さじ1
わさび（すりおろす）　適宜

作り方
1　米は洗ってざるに上げ、30分おく。蓮根は薄いいちょう切りにして酢水（分量外）にさらし、水気をきる。
2　酒と水を合わせて1カップにし、なべに**1**の米とともに入れる。塩を加えて混ぜ、蓮根をのせる。ふたをわずかに開けてのせ（**a**）、中火にかける。煮立ったら、きちんとふたを閉めて1分炊き、ごく弱火にして8分炊く。
3　うなぎは縦半分に切り、さらに1cm幅に切る。
4　**2**に**3**をのせ（**b**）、実ざんしょうのつくだ煮を全体に散らす。きちんとふたを閉めて弱火～中火弱にし、さらに1分炊く。火を止めて10分蒸らしたら（**c**）、さっくり混ぜて器によそい、わさびを好みで添える。

a　　　　b　　　　c

雑穀ご飯もおいしく
ミネラル豊富な胚芽米や雑穀を炊いてみませんか？　加える水や加熱時間をほんの少し多くするだけで、白米同様においしく炊けます。

作り方
1　胚芽米1合と雑穀米½合は、洗ってざるに上げ、水気をきる。なべに米、雑穀米を入れて、水320mlを加えて、夏は1時間、冬は1時間30分～2時間おく。
2　**1**のなべにふたをわずかに開けてのせ、中火にかける。煮立ったら、きちんとふたを閉めて1分炊き、ごく弱火にして10分炊く。火を止めて10分蒸らし、さっくり混ぜる。

梅干しとみょうがのご飯

すっぱい梅干しとほろ苦いみょうがのご飯は、
夏の疲れをいやしてくれます。初秋におすすめしたい逸品。

14cm ラウンド　加熱時間13分 ＋ 放置時間10分

材料（2人分）
米　1合
酒　大さじ½
昆布（3cm角）　1枚
梅干し（果肉と種に分ける）
　　1～2個
みょうが　3個
白いりごま　大さじ½
削りがつお　少々

作り方
1　米は洗ってざるに上げ、水気をきる。なべに入れ、水1カップを加えて30分おく。
2　1に酒を加えて混ぜ、表面をさっとふいた昆布、梅干しの種を置き（**a**）、ふたをわずかに開けてのせ、中火にかける。煮立ったら、きちんとふたを閉めて1分炊き、ごく弱火にして9分炊く。火を止めて10分蒸らす。
3　梅干しの果肉は、包丁で細かくたたく。みょうがは縦半分に切り、横に薄切りにする。
4　2の梅干しの種と昆布を取り除き、3（**b**）、ごまを加えてさっくり混ぜる。器によそい、削りがつおを好みでふる。

材料(2人分)

- 米 1合
- 牛切落し肉(赤身) 80g
- A
  - 白すりごま 大さじ1
  - にんにく(すりおろす) 少々
  - しょうゆ 大さじ1
  - 砂糖、ごま油 各大さじ½
- 大豆もやし 100g
- にんじん 小⅓本(30g)
- 塩 小さじ¼
- 酒 大さじ½
- しょうが(せん切り) ½かけ分
- コチュジャン 適宜

ビビンパ風炊込みご飯

大豆もやしとにんじんを炊き込んでから、途中、牛肉を加えて仕上げます。おいしさも栄養バランスも抜群。よく混ぜてどうぞ。

14cm ラウンド　加熱時間**14**分 ＋ 放置時間**10**分

作り方

1　米は洗ってざるに上げ、水気をきる。なべに入れ、水180mlを加えて30分おく。

2　ボウルに牛肉、Aを入れ、よくからめる。大豆もやしはひげ根を取り、よく洗って水気をきる。にんじんは斜め薄切りにしてからせん切りにする。

3　1に塩、酒を加えて混ぜ、しょうが、にんじん、大豆もやしをのせる(写真)。ふたをわずかに開けてのせ、中火にかける。煮立ったら、きちんとふたを閉めて1分炊き、ごく弱火にして5分炊く。

4　3に2の牛肉をのせ、きちんとふたを閉めて弱火にし、さらに5分炊く。火を止めて10分蒸らす。さっくり混ぜて、コチュジャンを好みで添える。

ひじきの煮物

普通のなべなら10分以上かかるひじきの煮物も、加熱時間を大幅に短縮。オイスターソースを加えて新しい味に仕上げました。

14cm ラウンド　加熱時間5分 ＋ 放置時間3分

材料（作りやすい分量）
長ひじき（乾燥）　20g
赤パプリカ　½個
オリーブ油　大さじ½
A ┌ 酒　大さじ1
　│ みりん、オイスターソース
　└ 　各大さじ½
塩、粗びき黒こしょう　各少々

作り方
1　ひじきはさっと洗い、たっぷりの水に20分ほどつけてもどし、水気をきる。長いものは食べやすく切る。パプリカは縦半分に切り、横に1cm幅に切る。
2　なべにオリーブ油を入れて1を入れ（写真）、中火にかけてさっといためる。Aを加えて混ぜ、ふたをして弱火にし、3分煮る。火を止めて3分おき、上下を返して混ぜ、塩、こしょうで味を調える。

昆布のつくだ煮

だしをとった昆布は冷凍してはためておき、100gずつ煮るようにしています。無駄なく素材を食べきることもエコです。

14cm ラウンド　加熱時間12分 ＋ 放置時間10分

材料（作りやすい分量）
昆布（だしをとったもの）　100g
梅干し　1個
A ┌ めんつゆ
　│ 　（市販。3倍濃縮タイプ）、
　│ 　酒　各大さじ1½
　└ 水　大さじ3～4
＊昆布はだしをとった後、保存袋などに入れて冷凍しておき、解凍して使用する。

作り方
1　昆布は2～3cm角に切り、なべに入れる。梅干しを種ごと加えてつぶし、Aを加える（写真）。
2　ふたをずらしてのせ、中火弱の火にかける。煮立ったらふたをし、ごく弱火にして10分煮る。火を止めて10分おき、梅干しの種を除いてよく混ぜる。

切干し大根の煮物

だし代りにもなるちりめんじゃこをたっぷり加えて風味よく煮ます。お弁当のおかずにもおすすめです。しいたけは生しいたけでも。

14cm ラウンド　加熱時間13分 ＋ 放置時間5分

材料（作りやすい分量）
切干し大根　40g
干ししいたけ　1枚
にんじん　小½本（50g）
ちりめんじゃこ　大さじ3
A ┌ 水　¾カップ
　│ 酒、砂糖、しょうゆ
　└ 　各大さじ1

作り方
1　干ししいたけは水につけてもどし、水気を絞って薄切りにする。切干し大根はもむようにさっと洗い、ひたひたの水に15分つけてもどす。水気を絞り、長いものは食べやすい長さに切る。にんじんは5mm厚さの半月切りにする。
2　なべに切干し大根、にんじん、しいたけ、ちりめんじゃこの順に入れ（写真）、Aを混ぜて全体にかける。ふたをずらしてのせ、中火弱の火にかける。煮立ったらふたをし、10分煮て火を止め、5分おく。上下を返すように混ぜて器に盛る。

天火焼き

グラタンにドリアなどを小さい「ストウブ」一つで仕上げ、オーブントースターか魚焼きグリルで焼いて仕上げるものを紹介します。なべごと食卓へ運んで召し上がっていただく趣向ですが、たいへん熱いのでご注意ください。

材料（1人分）
- 玉ねぎ（薄切り）　½個分（100g）
- 油　小さじ1
- バゲット（1cm厚さ）　2枚
- にんにく　小½かけ
- オリーブ油　少々
- 砂糖　ひとつまみ
- A［水　1カップ / チキンコンソメのもと　¼個］
- 塩、粗びき黒こしょう　各少々
- ピザ用チーズ　20〜30g

オニオングラタンスープ

一人分のオニオングラタンスープが手早く、簡単に作れます。玉ねぎの蒸らしいためを少し短縮して、あっさりと仕上げました。

15cm オーバル　加熱時間18分 ＋ オーブントースターの加熱時間3〜4分

作り方

1　なべに油を入れて中火にかけ、玉ねぎをさっといためる。ふたをしてごく弱火にし、ときどき混ぜながら10分蒸らしいため☆に。

2　バゲットはオーブントースターでかりっとするまで焼き、にんにくの切り口をこすりつけて、オリーブ油をかける。

3　1に砂糖を加えて（**a**）混ぜ、玉ねぎがきつね色になるまでよくいためる。Aを加え、煮立ったらあくをすくい、塩、こしょうで味を調える。

4　3に2をのせ、チーズを散らす（**b**）。これを天板にのせてオーブントースターに入れ、チーズがとけるまで3〜4分焼く。

☆蒸らしいためはp.40参照
＊オーブントースターの代りに、魚焼きグリルやオーブンで焼いてもいい。
＊2人分を作るときは、材料を2倍にしてなべ二つで作る。

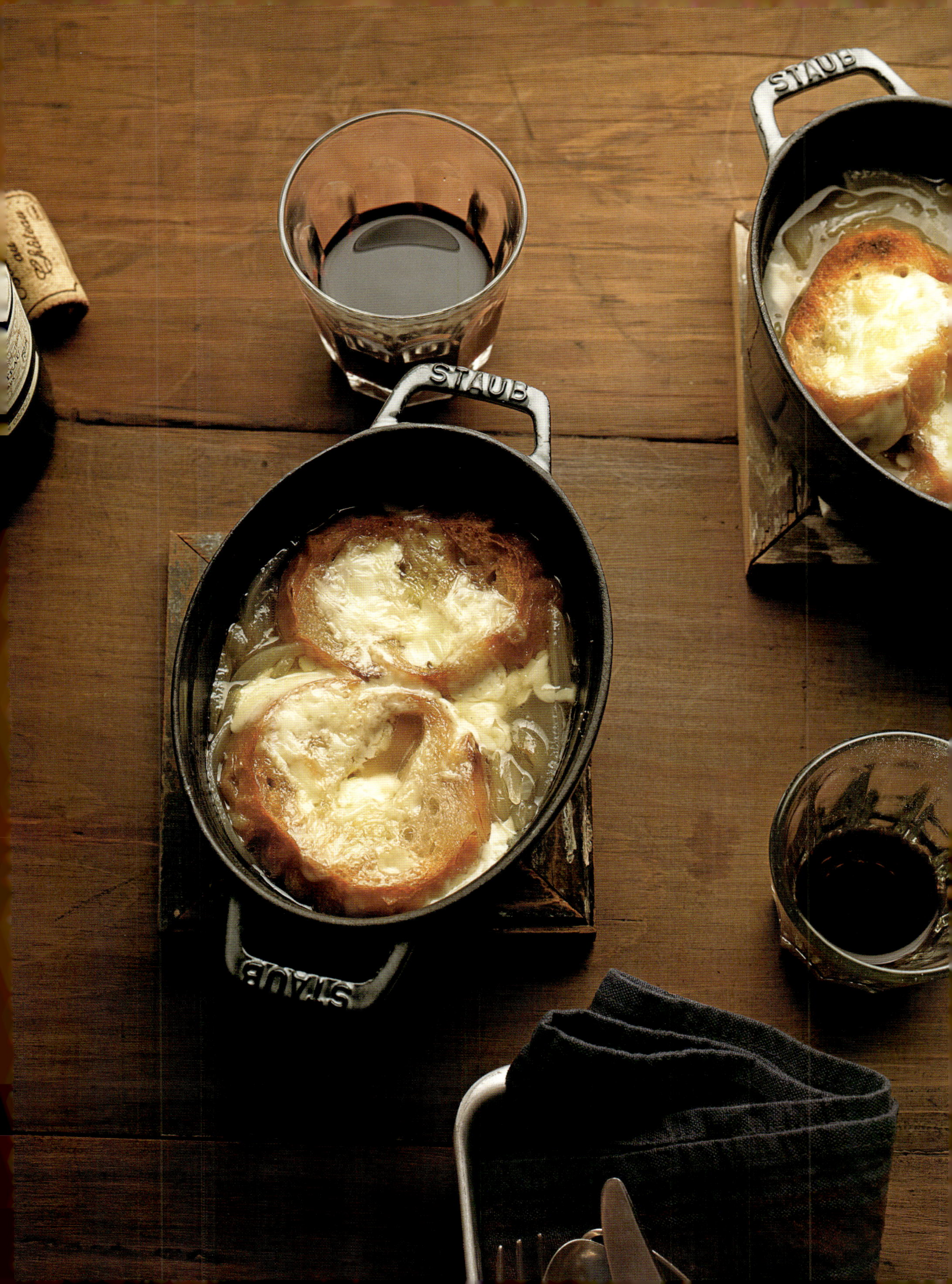
STAUB
STAUB
STAUB

帆立貝とほうれん草のグラタン

一つのなべでグラタン用のホワイトソースが作れる秘密は上新粉にあります。自然なとろみがついて粉っぽくなりません。

15cm オーバル　加熱時間10分 ＋ オーブントースターの加熱時間2〜3分

材料（1人分）
帆立貝柱（刺身用）　3個
A［塩、白こしょう　各少々
ほうれん草　100g
塩　適宜
玉ねぎ（薄切り）　小½個分（80g）
バター　大さじ1
B［牛乳　¾カップ
　　上新粉　大さじ1
チキンコンソメのもと　¼個
C［パルミジャーノ・レッジャーノ（おろす）　大さじ1
　　パン粉　大さじ½

作り方

1 帆立貝柱は縦3等分に切り、Aをふる。ほうれん草は根元に十文字の切込みを入れて4cm長さに切り、塩少々を入れた熱湯でさっとゆでる。水にとって冷まし、水気を絞る。

2 なべにバターを入れ、中火弱の火にかけてとかし、玉ねぎをさっといためる。ふたをしてごく弱火にし、ときどき混ぜながら3分蒸らしいため☆にする。1を加えてさっといため合わせ、Bを加えて混ぜ、チキンコンソメをくずしながら加える。大きく混ぜながら煮立て、とろみがついたら（写真）味をみて、塩少々で味を調える。

3 2にCをふる。これを天板にのせてオーブントースターに入れ、焦げ目がつくまで2〜3分焼く。

☆蒸らしいためはp.40参照
＊オーブントースターの代りに、魚焼きグリルやオーブンで焼いてもいい。

焼きカレードリア

残りもののカレーで作れる気楽なメニューです。
市販のレトルトパックのカレーで作ってもいいでしょう。

15cm オーバル　オーブントースターの加熱時間4〜5分

材料（1人分）
温かいご飯　150〜180g
温かい好みのカレー　1皿分
卵　1個
ピザ用チーズ　15g

作り方
なべにご飯、カレー、卵、チーズの順に入れる（写真）。これを天板にのせてオーブントースターに入れ、チーズがとけるまで4〜5分焼く。
＊オーブントースターの代りに、魚焼きグリルやオーブンで焼いてもいい。

りんごのクランブル

バター、薄力粉、砂糖をそぼろ状にしたものがクランブルです。
失敗なく作れて味わいは本格的なおすすめのデザート。

15cm オーバル　加熱時間9分 ＋ オーブントースターの加熱時間8分

材料（2人分）
りんご（ふじなど）　1個
A ┌ 砂糖　大さじ3
　 └ レモン汁　大さじ1
バター　大さじ½
B ┌ バター（1cm角に切り、冷凍庫で5分冷やす）　15g
　│ 薄力粉　大さじ2
　│ 砂糖　大さじ1
　└ 塩　ごく少々
バニラアイスクリーム（市販）　適宜
シナモンパウダー　少々

作り方

1　りんごは四つ割りにして芯を取り除き、5mm幅に切る。

2　なべに1を入れ、Aをからめて5分おく。バターを加え、ふたをずらしてのせ、中火にかける。煮立ったらふたをし、ごく弱火にして5分蒸し煮にする。ふたを取って弱火にし、汁気を飛ばして粗熱を取る。

3　ステンレス製のボウルにBを入れ、フォークなどでバターをつぶすように混ぜる。

4　2に3をのせる（写真）。これを天板にのせ、オーブントースターに入れて8分焼く（途中、焦げそうになったらアルミフォイルをかぶせる）。器に盛ってアイスクリームを好みで添え、シナモンパウダーをふる。

＊オーブントースターの代りに、オーブンで焼いてもいい。

洋梨のフラン

生クリーム入りの卵生地と果物を焼いたお菓子です。
果物はほかに、さくらんぼや桃の缶詰でもいいでしょう。

15cm オーバル　加熱時間5分 ＋ オーブントースターの加熱時間6分

材料（2人分）
洋梨（缶詰。半分に
　切ってあるもの）　3切れ
A ┌ 卵黄　2個分
　│ 生クリーム、牛乳　各70mℓ
　│ 砂糖　大さじ3
　└ バニラオイル　少々
バター　小さじ1

作り方
1　洋梨は缶汁をきり、4等分のくし形に切る。
2　ボウルにAを入れてよく混ぜ、ざるなどでこす。
3　なべ二つを用意して、それぞれにバターを半量ずつ入れ、中火弱の火にかけてとかす。1を半量ずつ入れてふたをし、ごく弱火にして3分蒸焼きにする。
4　3に2を半量ずつ流し入れる（写真）。これを天板にのせてオーブントースターに入れ、薄い焼き色がつくまで6分焼く。
＊オーブントースターの代りに、オーブンで焼いてもいい。
＊1人分のときは、材料を半分にして作る。

定番の料理作りに欠かせない使い勝手のいい大きさ。

20cm ラウンド
23cm オーバル

蒸し煮

密閉されたなべの中を水分が循環しながら蒸すように煮て、どのなべで煮るよりも早くしっとりと煮えるのが「ストウブ」です。20cmのラウンド、23cmのオーバルは共に2～3人分、4～5人分と幅のある分量に対応できます。

さらさらビーフシチュー

味わいは深いこくがありながら食べ心地はさらっとしたシチュー。火を止めてからの時間がおいしさを作り出します。

23cm オーバル　加熱時間1時間40分 ＋ 放置時間1時間

材料(4～5人分)
牛肉(シチュー用。赤身)　400g
A ┌ 塩　小さじ½
　 └ 粗びき黒こしょう　少々
玉ねぎ(みじん切り)　1個分(200g)
にんにく(みじん切り)　1かけ分
油　大さじ1½
トマト　小1個(100g)
キャラウェーシード　小さじ½
パプリカパウダー　大さじ1
赤ワイン　¼カップ
B ┌ 水　3カップ
　 ├ ローリエ　1枚
　 ├ チキンコンソメのもと　1個
　 ├ 塩　小さじ⅓
　 └ 粗びき黒こしょう　少々
じゃがいも　大2個
にんじん　1本(150g)
塩　少々

玉ねぎの蒸らしいため

シチューやカレーなど洋風料理のうまみのもとは、玉ねぎの蒸らしいためです。弱火で玉ねぎをいためてはふたをし、いためてはふたをすることを繰り返し、きつね色になるまでいため、甘みとうまみを引き出す手法です。料理によってはにんにくや香味野菜を加えます。分厚い「ストウブ」は火の当たりがやわらかく、密閉性も高いので、玉ねぎが焦げつきにくく上手にいためることができます。

作り方

1　なべに油を入れて中火にかけ、玉ねぎ、にんにくをさっといためる。ふたをしてごく弱火にし、ときどき混ぜながら、玉ねぎが薄く色づくまで蒸らしいため(左記参照)にする。

2　牛肉は2cm角に切り、Aをふる。トマトは1cm角に切る。

3　1を中火にし、キャラウェーシードを混ぜ、牛肉を加えて(**a**)いためる。肉の色が変わったら、パプリカパウダーを加えて(**b**)手早く混ぜ、赤ワインをふる。汁気がほぼなくなったら、トマト、Bを加えて混ぜる。煮立ったらあくをすくい、ふたをしてごく弱火にし、ときどき混ぜながら1時間煮る。火を止めて1時間おく。

4　じゃがいもは皮をむいて6～8等分に切り、水にさらして水気をきる。にんじんは1cm厚さのいちょう切りにする。

5　3を中火にかけ、4を加える(**c**)。煮立ったら、ふたをしてごく弱火にし、ときどき混ぜながら20分煮る。味をみて、塩で味を調える。

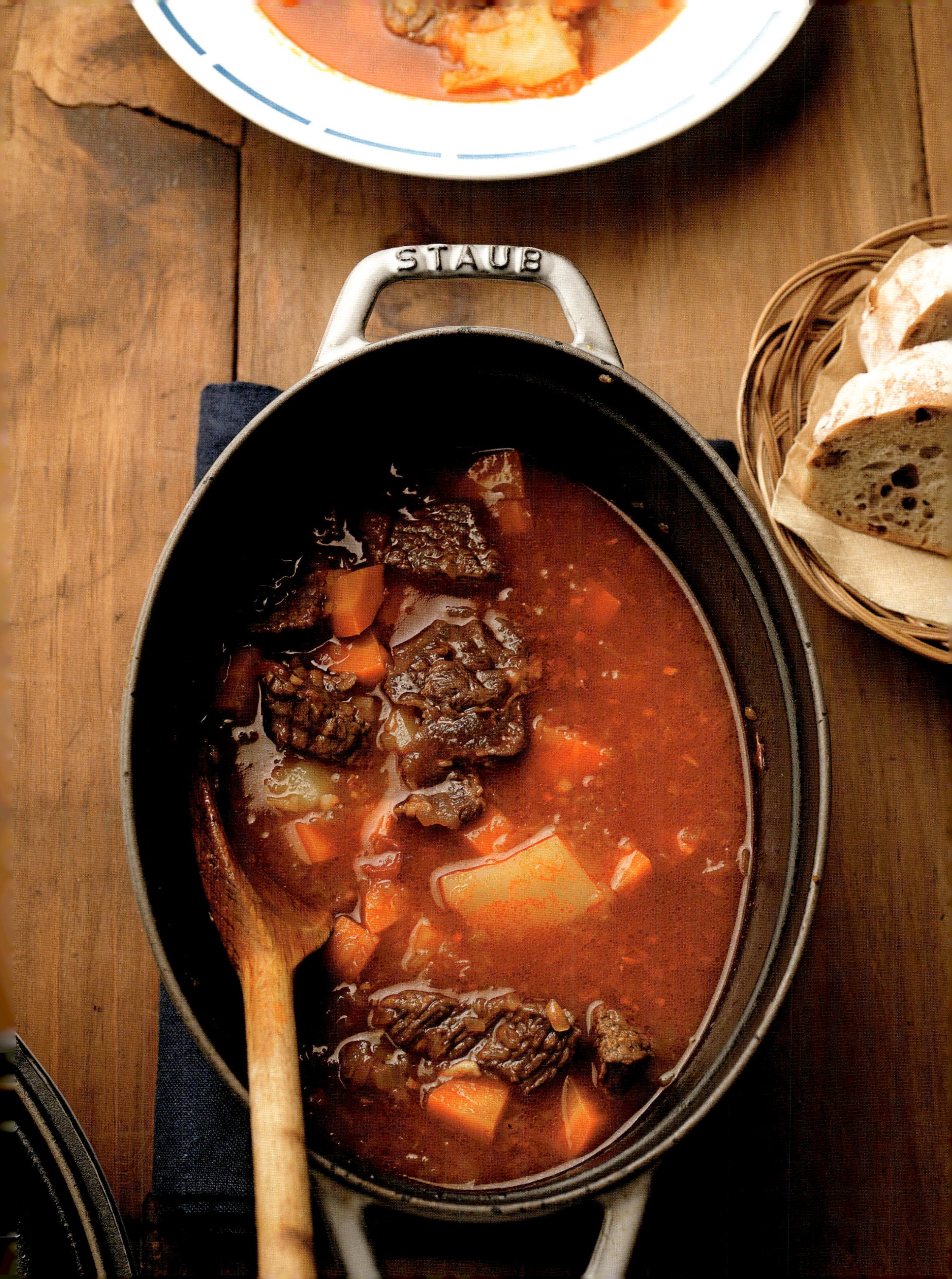
STAUB

牛肉と里芋のごまみそ煮

むらなく火が通るので里芋が煮くずれしません。
牛肉にみそとすりごまの風味がのって、ご飯の進むおかずに。

20cm ラウンド　加熱時間**18**分 ＋ 放置時間**3**分

材料（3～4人分）
牛切落し肉（赤身）　100g
里芋　600g（正味400g）
塩　小さじ1
油　大さじ1
A［ だし汁　¾カップ
　　酒、砂糖　各大さじ1½ ］
みそ　大さじ1½
白すりごま　大さじ1½

作り方

1　里芋は皮をむき、大きいものは半分に切る。塩でよくもみ、ぬめりを流水で洗って水気をきる。

2　なべに油を入れて中火にかけ、牛肉をいためる。色が変わったら、Aを加えて混ぜる。煮立ったらあくをすくい、1を加える。再び煮立ったらふたをし（**a**）、ごく弱火にして12分煮る。火を止めて3分おく。

3　みそを煮汁で溶いて加え、中火にかけてさっと煮る。火を止め、ごまを加えて（**b**）混ぜる。

スペアリブのマーマレード煮

肉のおいしさが満喫できるシンプルな煮物です。
マーマレードに酢もプラスして、よりやわらかく仕上げて。

20cm ラウンド　加熱時間23分 ＋ 放置時間10分

材料(4人分)
スペアリブ　600g
A ┌ オレンジマーマレードジャム　大さじ3
　├ 酒、しょうゆ　各大さじ3
　├ 酢　大さじ1
　├ しょうが(薄切り)　1かけ分
　└ にんにく(薄切り)　1かけ分

作り方

1　スペアリブはたっぷりの熱湯で1分ゆで、冷水にとって冷まし、水気をふく。

2　なべに1、Aを入れ(写真)、ふたをずらしてのせ、中火にかける。煮立ったら、ふたをして弱火にし、20分煮る。途中で上下を一度返す。火を止めて10分おく。煮汁は好みでさっと煮つめる。

塩肉じゃが

塩をした豚肉と追いがつおのダブルのだしが決め手。
うまみがのっているからこそ、野菜の味も引き立ちます。

20cm ラウンド　加熱時間15分 ＋ 放置時間3分

材料(4人分)
- 豚ロース肉(薄切り)　150g
- 塩　適宜
- じゃがいも　4〜5個(正味500g)
- 玉ねぎ　小1個(150g)
- さやいんげん　100g
- 油　大さじ1
- A
  - 水　¾カップ
  - 酒　大さじ2
  - 砂糖　大さじ1
  - 昆布(5cm角)　1枚
  - 削りがつお(だし用パックに入れる)　5g

作り方

1　豚肉は3等分に切り、塩小さじ½をふって10分おく。じゃがいもは皮をむき、6〜8等分に切って水にさらし、水気をきる。玉ねぎはくし形に切る。いんげんは4cm長さに切る。

2　なべに油を入れて中火にかけ、じゃがいもをいためる。透き通ったら、玉ねぎを加えてさっといため合わせ、A、豚肉を加える(写真)。ふたをずらしてのせ、煮立ったらふたをし、弱火にして8分煮る。いんげんを加えて混ぜ、ふたをしてさらに3分煮る。

3　味をみて、塩で味を調える。ふたをして火を止め、3分おく。

豚ヒレ肉とトマトのカレー

冷凍した完熟トマトで作る無水カレーです。
油脂の分量がたいへん少ないので、ダイエットしている人にもおすすめ。

20cm ラウンド　加熱時間 27 分 ＋ 放置時間 10 分

材料（4人分）
豚ヒレ肉（塊）　300g
A ┌ 塩　小さじ1
　├ カレー粉　小さじ½
　└ 白こしょう　少々
トマト（冷凍しておく）
　4個（600g）
玉ねぎ　大1個（250g）
セロリ　1本（100g）
にんじん　1本（150g）
しめじ　1パック（170g）
油　大さじ1
しょうが（すりおろす）
　2かけ分
にんにく（すりおろす）
　½〜1かけ分
カレー粉　大さじ2
B ┌ 酒　大さじ2
　└ チキンコンソメのもと
　　1個
C ┌ しょうが（すりおろす）
　│ 1かけ分
　└ 塩、カレー粉　各少々
温かいご飯　720g

完熟トマトは冷凍を

熟れすぎたトマトはポリ袋に入れて冷凍しておくと、トマト缶のように便利に使えます。酸味と甘みが穏やかなところがおすすめ。

作り方

1　豚肉は縦半分に切って1cm厚さに切り、Aをまぶす。トマトは室温に5分おき、流水をかける。へたを取って皮をむき、ざく切りにする。玉ねぎは四つ割りにして、横に薄切りにする。セロリは筋を取り、太い部分は縦半分に切ってから、5mm幅に切る。にんじんは5mm厚さのいちょう切りにする。しめじは石づきを落としてほぐす。

2　なべに油を入れて中火にかけ、玉ねぎをさっといためる。ふたをして弱火にし、ときどき混ぜながら5分蒸らしいため☆にする。しょうが、にんにく、豚肉を加えていため合わせ、セロリ、にんじんを加えていためる。

3　カレー粉、トマトを加えて（写真）手早く混ぜ、Bを加えて中火にする。煮立ったらあくをすくい、ふたをしてごく弱火にし、10分煮る。しめじを加え、煮立ったら火を止めて10分おく。

4　3を中火にかけて温め、Cで味を調える。器にご飯を盛り、カレーをかける。

☆蒸らしいためはp.40参照

ナン

「ストウブ」でナンを焼くことができます。蒸焼きの手法ですが、ここでご紹介。

23cm オーバル　予熱時間2分 ＋ 加熱時間6分
＊加熱時間は1枚分の時間です

材料（4枚分）
ヨーグルト生地　全量（p.86参照）
打ち粉（強力粉）、バター　各適宜

作り方

1　p.86の作り方**1**を参照して生地を作り、発酵させる。

2　**1**が2倍に膨らんだら、4等分に切ってガスを抜き、表面が張るようにまとめる（**a**）。ふんわりとラップフィルムをかけ、15分休ませる。

3　打ち粉をして、**2**の生地一つをめん棒で20〜22cm長さの楕円形にのばす（**b**）。

4　なべを中火弱の火にかけて温める。弱火にして**3**を入れ、ふたをして3分蒸焼きにする。返して同様に3分蒸焼きにする（**c**）。薄い焼き色がついたら取り出し、温かいうちにバターをぬる。残りも同様に生地を1枚ずつのばして両面を焼く。

＊ナンが残ったらジッパーつきの保存袋に入れて冷凍しておくといい（**d**）。

キーマカレー

ひき肉が主役のキーマカレーは幅広い年代に人気です。青みのグリーンピースは冷凍でもよく、ほかに枝豆や刻んだいんげんに替えてもいいでしょう。

23cm オーバル　加熱時間22分 ＋ 放置時間10分

材料（4人分）
豚ひき肉（赤身）　300g
玉ねぎ（みじん切り）　1個分（200g）
油　大さじ1
A ┌ しょうが（すりおろす）　2かけ分
　├ にんにく（すりおろす）　1かけ分
　├ ローリエ　1枚
　└ 塩　小さじ½
グリーンピース
　（生。さやから豆を出す）　100g
カレー粉　大さじ2
B ┌ 水　½カップ
　├ チキンコンソメのもと　½個
　└ 酒、トマトケチャップ　各大さじ2
C ┌ 塩、カレー粉　各少々

作り方

1　なべに油を入れて中火にかけ、玉ねぎを薄いきつね色になるまで蒸らしいため☆にする。ひき肉、Aを加えて混ぜ、ふたをして中火弱の火加減にし、ときどき混ぜながらひき肉に火を通す。

2　グリーンピース、カレー粉を加えて（写真）手早く混ぜ、Bを加えて混ぜる。煮立ったらふたをし、弱火にして10分煮る。火を止めて10分おく。

3　**2**を中火にかけて温め、Cで味を調える。

☆蒸らしいためはp.40参照

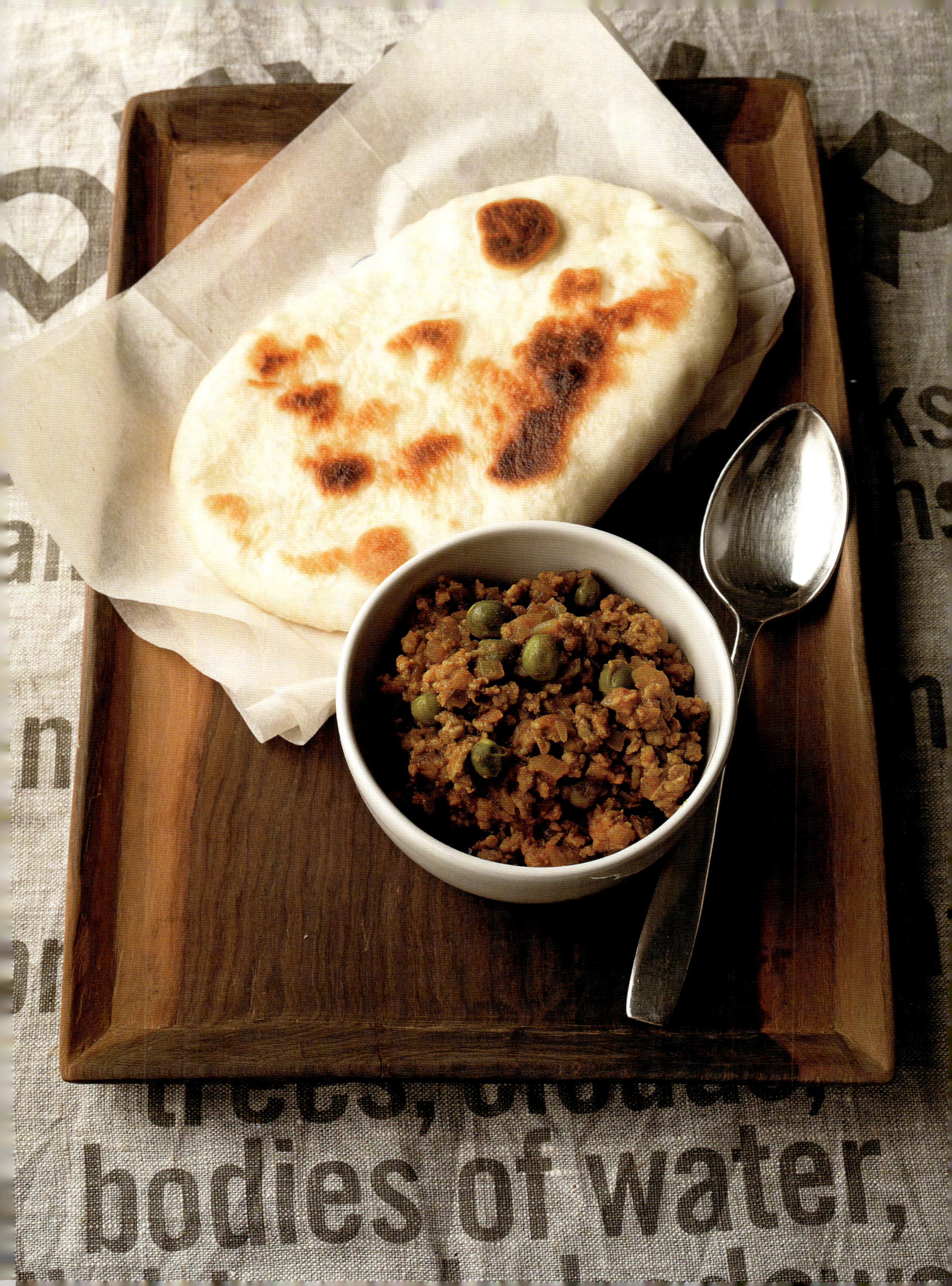
bodies of water,

ミートソーススパゲッティ

パスタはもちろんですが、グラタンにもアレンジできるソースですから、多めに作っておきましょう。

20cm ラウンド　　加熱時間 **35**分　＋　放置時間 **20**分

材料(4～5人分)
合いびき肉(あれば赤身) 400g
A ┌ 玉ねぎ(みじん切り) 1個分(200g)
  │ にんにく(みじん切り) 小1かけ分
  │ セロリ(筋を取ってみじん切り)
  │   ½本分(50g)
  │ にんじん(みじん切り)
  └   小½本分(50g)
ローリエ 1枚
塩 小さじ½
赤ワイン ½カップ
オリーブ油 大さじ2
B ┌ トマト(カット缶詰) 1缶(400g)
  │ トマトケチャップ 大さじ2
  │ チキンコンソメのもと ½個
  │ 塩 小さじ¼
  └ 粗びき黒こしょう 少々
C [塩、粗びき黒こしょう 各少々
スパゲッティ、塩、
　パルミジャーノ・レッジャーノ(おろす)
　各適宜

作り方
1 なべにオリーブ油を入れて中火にかけ、Aを順に加えていため、玉ねぎが薄く色づくまで蒸らしいため☆にする。
2 ひき肉、ローリエ、塩を加えて充分にいため合わせ、赤ワインを注いで煮つめる。Bを加えて混ぜ(**a**)、煮立ったらふたをしてごく弱火にし、ときどき混ぜながら(**b**)20分煮る。火を止めて20分おく。
3 **2**を中火にかけて温め、Cで味を調える。
4 スパゲッティは1人分80gを用意し、塩を入れた熱湯でゆで、ざるに上げて水気をきる。器に盛り、ミートソースをかけてチーズをふる。

☆蒸らしいためはp.40参照
＊ミートソースは冷まして密閉容器に入れ、冷蔵庫で保存すると5日間はもつ。
＊スパゲッティをゆでる塩は熱湯の分量の約1%を目安にする。2ℓで大さじ1強(20g)。

アレンジ **かぼちゃのグラタン**
ミートソースを使ったもう一品をご紹介。かぼちゃとの相性のいいこと！

15cm オーバル　加熱時間12分 ＋ オーブントースターの加熱時間4～5分

材料(2人分)
かぼちゃ ⅒～⅛個
　(正味150g。半分に切る)
ミートソース 200g
パルミジャーノ・レッジャーノ
　(おろす) 大さじ2

作り方
1 なべにかぼちゃ、水⅓カップを入れ、ふたをずらしてのせて中火にかける。沸騰したらふたをし、弱火にして10分蒸す。水気をきって一口大に切る。
2 なべを洗って水気をふき、ミートソースを薄く敷く。**1**をのせ、残りのミートソースをかけてチーズをふる。これを天板にのせてオーブントースターに入れ、焼き色がつくまで4～5分焼く。
＊オーブントースターの代りに、魚焼きグリルやオーブンで焼いてもいい。

スンドゥブチゲ

手軽に絹ごし豆腐で作った韓国風のなべ物。
素材の準備さえできれば煮る時間はあっという間です。

20cm ラウンド　加熱時間 **10分** ＋ 放置時間 **2～3分**

材料（3人分）
- 絹ごし豆腐　200g
- あさり（殻つき）　250g
- 塩　適宜
- 豚切落し肉　100g
- 酒　大さじ1
- もやし　½パック（120g）
- にら　½束（50g）
- しょうが（みじん切り）　1かけ分
- 白菜キムチ（ざく切り）　100g
- ごま油　大さじ½
- A
  - 水　1½カップ
  - 鶏ガラスープのもと　小さじ1
  - 酒　大さじ2
  - しょうゆ　大さじ1
  - オイスターソース　大さじ½
  - 塩、白こしょう　各少々
- 卵　3個

作り方

1　あさりはバットに入れ、塩水（塩小さじ1＋水1カップの割合）に浸してアルミフォイルで覆い、冷蔵庫におく。30分以上たったら流水でこすり洗いをし、水気をきる。豚肉は酒をふってからめる。もやしはよく洗って水気をきる。にらは2～3cm長さに切る。

2　なべにごま油を入れて中火にかけ、しょうがをさっといためる。キムチ、豚肉を加えていため合わせ、肉の色が変わったら、あさり、A（**a**）、もやしを加える。

3　煮立ったら、あくをすくってふたをし、弱めの中火にして2分煮る。あさりの口が開いたら、豆腐をスプーンなどですくって加え、にらを加えて混ぜる。卵を割り落とし（**b**）、ふたをして弱火にし、1分煮る。火を止めて2～3分おき、卵に好みの加減に火を通す。

参鶏湯風おかゆ
（サムゲタン）

骨つきの鶏もも肉で気軽に作れる参鶏湯です。
放置している間にもち米が煮えて、花が開いたようなかゆ状になったらでき上り。

23cm オーバル　加熱時間25分 ＋ 放置時間20分

材料（4人分）
骨つき鶏もも肉　1本
もち米　¾カップ
A ┌ 水　4½カップ
　│ 酒　大さじ2
　│ 塩　小さじ½
　│ にんにく（つぶす）　2かけ
　│ しょうが（皮をむいてつぶす）
　│ 　2かけ
　│ なつめ（さっと洗って
　│ 　水気をふく）　4粒
　└ くこの実（さっと洗って
　　　水気をふく）　大さじ1
塩　少々

作り方
1　もち米は洗ってざるに上げ、30分おく。鶏肉は骨にそって切れ目を入れ、関節で二つに切り分ける。表面が白くなるまで下ゆでし、水にとって冷まし、水気をふく。
2　なべにA、1を入れ（写真）、中火にかける。煮立ったら、なべ底から大きく混ぜてふたをし、ごく弱火にして20分炊く。途中、なべ底を混ぜる。
3　火を止めて20分おく。塩で味を調え、鶏肉をほぐす。いただくときに温める。
＊炊いている途中、ごく弱火でもふくようだったら、ふたをわずかに開けておく。

材料（2人分）
さば（二枚おろし。骨つき）
　　1枚（200g）
ごぼう　1/3本（50g）
長ねぎ　小1本
A[みそ、みりん、酒
　　　各大さじ2
　　水　大さじ1
　　砂糖　大さじ1/2]
しょうが（薄切り）　1かけ分

作り方
1　さばは皮に浅い切り目を入れながら、4等分のそぎ切りにする。耐熱ボウルに入れ、熱湯（約90℃）をかける。冷水にとって血合いなどを丁寧に取り、水気をふく。
2　ごぼうは4〜5cm長さに切り、二〜四つ割りにする。さっと水にさらし、水気をきる。長ねぎは4cm長さに切る。
3　なべに1を並べ、しょうが、2を入れ、よく混ぜたAをかける（写真）。ふたをずらしてのせて中火にかける。煮立ったらふたをし、弱火にして10分煮る。火を止めて5分おく。器に盛り、煮汁を好みで煮つめてかける。

さばのみそ煮
熱湯を回しかけて生臭みを取ってから煮ると、断然おいしく仕上がります。みそと調味料を溶いて一気に加えるのもこつ。

20cm ラウンド　加熱時間12分 ＋ 放置時間5分

材料（4〜5人分）
さんま　3尾
黄パプリカ　1個
A ┌ しょうが（薄切り）　1かけ分
　├ にんにく（薄切り）　1かけ分
　└ 赤とうがらし（小口切り）　少々
B ┌ 酒、水　各大さじ2
　├ オイスターソース、しょうゆ、
　│ みりん、酢　各大さじ1
　└ ごま油　小さじ1

作り方

1　さんまは頭を切り落とし、うろことぬめりを取って4cm長さに切る。割り箸などでわた（内臓）をかき出し、よく洗って血合いを取り、水気をふく。パプリカは四つ割りにしてへたと種を取り、1cm幅の斜め切りにする。

2　なべに1、Aを入れてBをかけ、ふたをずらしてのせて中火にかける。煮立ったらふたをし（写真）、弱火にして10分煮る。火を止めて5分おく。

さんまのオイスターソース煮

筒切りにしたさんまをオイスターソースや酢でさっぱりと味つけした煮魚です。パプリカの代りにごぼうやエリンギを煮ても。

20cm ラウンド　加熱時間12分　＋　放置時間5分

いなりずし

油揚げを煮含めるのは案外と時間がかかるものですが、
少ない量の調味料で手早く煮て、放置時間で味を含ませる方法を。

20cm ラウンド　加熱時間12分 ＋ 放置時間30分

材料（10個分）
油揚げ（いなりずし用）　小5枚
A［しょうゆ、酒、砂糖、みりん、水　各大さじ2］
B［酢　大さじ2／砂糖　大さじ1／塩　小さじ½］
温かいご飯　400g
白いりごま　大さじ1
しょうがの甘酢漬け（せん切り）　20g
なすの漬物（市販）　適宜

作り方
1　油揚げは横半分に切る。熱湯に入れて上下を返し、充分にゆでて油抜きをする。水にとって冷まし、両手ではさんで水気を絞る。
2　なべにAを入れて混ぜ、1を加える（a）。ふたをずらしてのせて中火にかけ、煮立ったら上下を返して（b）ふたをし、ごく弱火にして10分煮る。火を止めて上下を返し、ふたをしてそのまま冷ます。
3　耐熱カップにBを入れ、ラップフィルムをかけずに600Wの電子レンジで20秒加熱する。よく混ぜて砂糖を溶かす。
4　ボウルにご飯を入れ、3を回しかけてさっくり混ぜる。ごま、しょうがを加えて混ぜ合わせ、人肌程度まで冷ます。
5　2の汁気を軽くきり、5枚はそのまま、残りの5枚は切り口を内側に折り込んでから4を等分に詰める。器に盛り、漬物を好みで添える。

根菜汁

里芋ににんじん、大根、ごぼうのうまみが溶け出した汁に
うす口しょうゆで調味しました。みそ味にしても結構です。

20cm ラウンド　加熱時間16分 ＋ 放置時間5分

材料（4人分）
里芋（1cmの輪切り）　大4個分
塩　小さじ1
にんじん（半月切り）　½本分（75g）
大根（いちょう切り）　4cm長さ分
ごぼう（輪切り）　10cm長さ分
こんにゃく（短冊切り）　½枚分（120g）
油　大さじ1
だし汁　3カップ
A［酒　大さじ1／うす口しょうゆ　大さじ2］
粗びき黒こしょう　少々

作り方
1　里芋は塩でよくもみ、ぬめりを流水で洗って水気をきる。ごぼうはさっと水にさらして水気をきる。こんにゃくは水からゆでてざるに上げ、水気をきる。
2　なべに油を入れて中火にかけ、1とにんじん、大根をさっといためてだし汁を加える（写真）。煮立ったら、あくをすくってふたをし、ごく弱火にして10分煮る。火を止めて5分おく。
3　2を中火弱の火にかけて温め、Aを加えて混ぜる。器に盛り、こしょうをふる。

だし汁は電子レンジで
面倒に思いがちな"だし汁"も電子レンジなら簡単です。

1　耐熱容器に削りがつお20g、昆布10cm角を入れて、水5カップを注ぐ（a）。
2　ラップフィルムをかけずに、600Wの電子レンジで9分加熱し、あくを引いて（b）、3分ほどおいてから、こす。

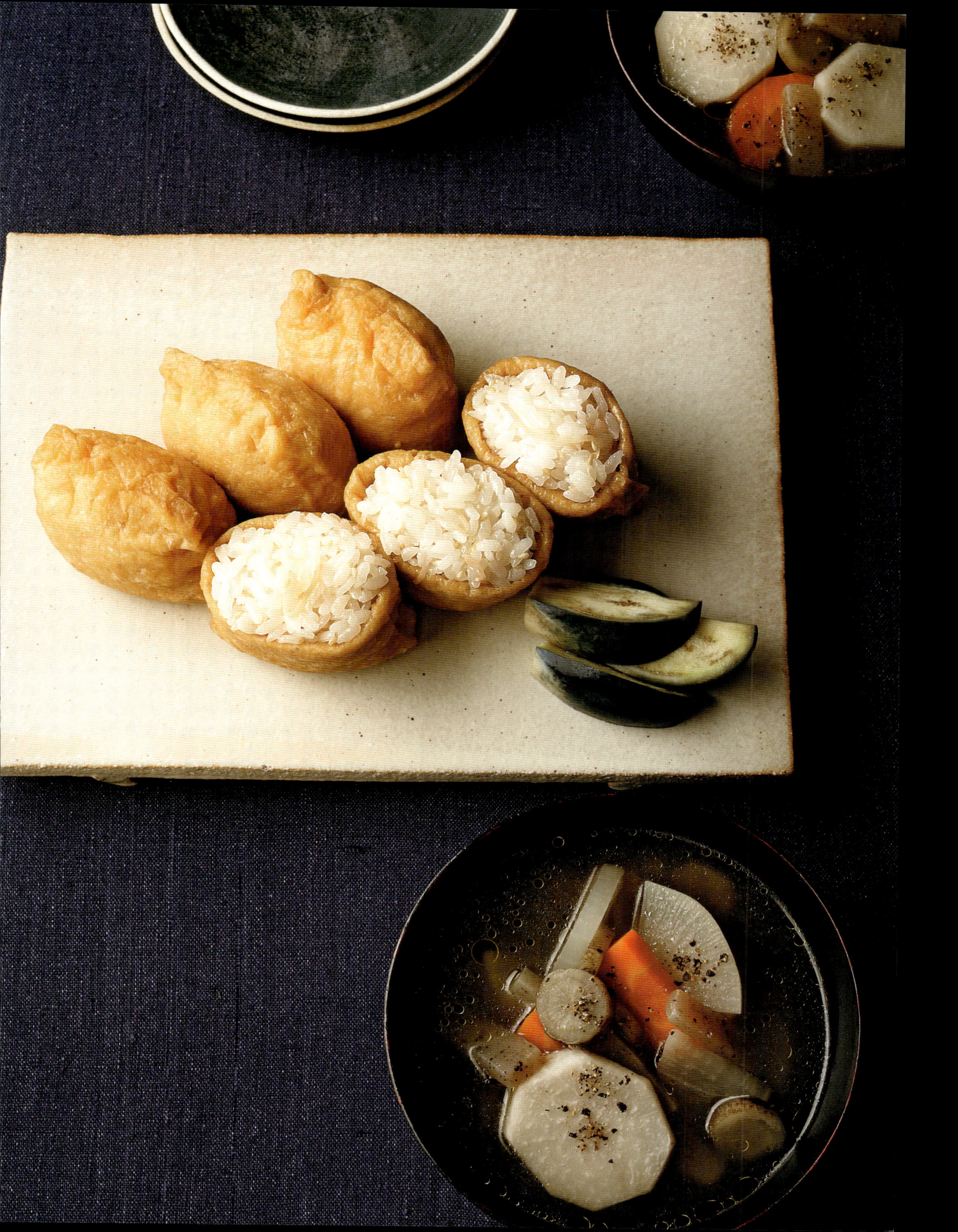

蒸焼き

肉や魚の表面をかりっと焼いてからふたをして蒸焼きにすると、しっとりとジューシーに焼き上がります。たとえ焼きすぎてもかたくならないのも「ストウブ」の威力。口径のサイズが大きければ、身を返すときにも扱いやすいでしょう。

材料（4〜5人分）
牛もも肉（赤身。塊・3cm厚さ）
　450〜500g
塩　小さじ1
粗びき黒こしょう　少々
にんにく（つぶす）　1〜2かけ
オリーブ油　大さじ½
A［黒酢　大さじ2
　　酒、しょうゆ　各大さじ1
クレソン　適宜
わさび（すりおろす）　適宜

ローストビーフ

牛肉の表面をかりっと香ばしく焼きつけてから、ふたをして軽い蒸焼きに。焼きかげんはレアです。

23cm オーバル　加熱時間 8分 ＋ 放置時間 1〜2分

作り方

1　牛肉は室温に1時間おき、水気をふいて塩、こしょうを表面にすり込む。

2　なべにオリーブ油を入れて中火にかけ、にんにくを焼く。香りが立ったら、1を入れて中火弱の火加減にして3分焼く。上下を返し（**a**）、さらに2分焼いてふたをし（**b**）、火を止めて1〜2分おく。

3　2の牛肉をアルミフォイルで包み（光沢の面を内側にする）（**c**）、さらにふきんなどで包んで20分おく。肉汁は取り分ける。牛肉は包丁をねかせるようにして薄いそぎ切りにして器に盛る。

4　2のなべをペーパータオルでさっとふき、3の肉汁、Aを入れて中火弱の火にかける。煮立ったら、少し煮つめて3の牛肉にかけ、クレソン、わさびを添える。

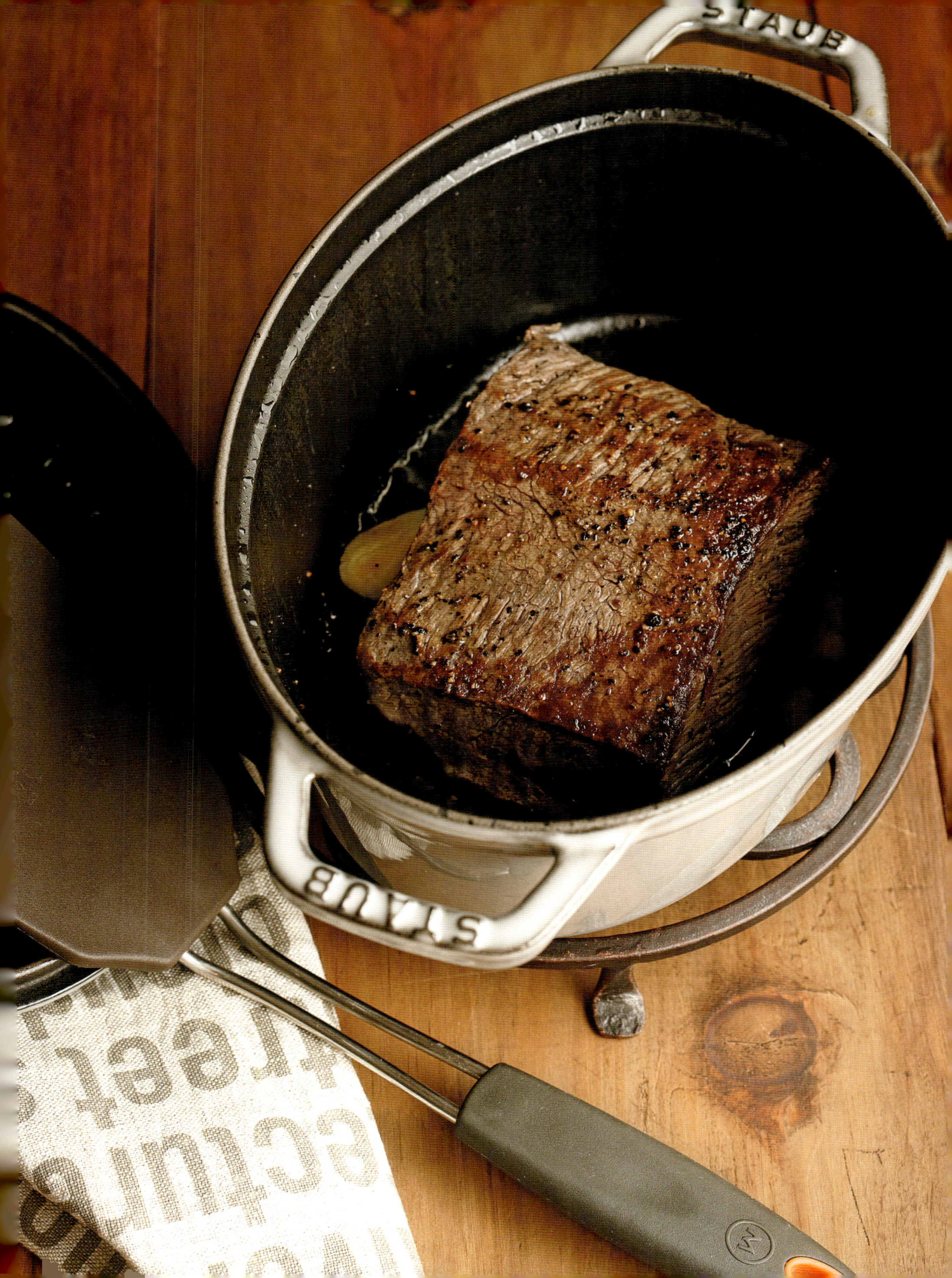
STAUB
STAUB

材料（2人分）
ラムチョップ　大4本
A ┌ にんにく（薄切り）
　│　1かけ分
　│ ローズマリー　2本
　│ タイム　2本
　└ オリーブ油　大さじ1
塩　小さじ1/8～1/2
ベビーリーフ　適宜
ゆずこしょう　適宜

ラムチョップのローズマリー焼き

ラムは独特の香りがあるので、ローズマリーで風味よく焼きます。
表面はしっかり焼いて、中はロゼに仕上げましょう。

23cm オーバル　加熱時間 5～8分

作り方
1　ラムチョップはAをからめて室温に20分おく（**a**）。ラムチョップを取り出し、塩をふる。Aはとっておく。
2　なべを中火にかけて熱し、ラムチョップの側面（脂身）が下になるように入れてふたをし（**b**）、1〜2分焼く。ラムチョップを重ならないように並べてAのにんにくをのせ、中火弱の火加減にして1〜2分焼く。上下を返し、Aのローズマリー、タイムをのせてふたをし（**c**）、1〜2分蒸焼きにする。
3　器に**2**を盛り、ベビーリーフ、ゆずこしょうを好みで添える。

ぶりのカレー風味焼き
厚い切り身のぶりがかりっと焼けて
スパイシーな仕上りに。
付合せのピーマンもかたわらで焼きます。

23cm オーバル　加熱時間10分

材料（2人分）
ぶり（切り身）　2切れ（200g）
A ┌ しょうが（すりおろす）　½かけ分
　├ にんにく（すりおろす）　少々
　├ カレー粉　小さじ¼
　└ 塩　小さじ⅖
ピーマン　2個
塩、粗びき黒こしょう　各少々
オリーブ油　小さじ1
レモン（縦半分に切り、
　　横半分に切る）　¼個分

作り方
1　ぶりは水気をふき、Aをからめて10分おく。
2　ピーマンは縦半分に切ってへたと種を取り、横に2cm幅に切る。
3　なべにオリーブ油を入れて中火にかけて熱し、汁気をふいた**1**を皮の面を下にして並べ、2分焼く。上下を返し、あいたところに**2**を加える。ふたをして（写真）弱火にし、6分蒸焼きにする。ピーマンに塩、こしょうをふって器に盛り、レモンを添える。

じゃがいものローズマリー焼き
ベビーポテトを蒸焼きにしてほくほくに。
調味料は塩だけです。

20cm ラウンド　加熱時間 18〜23分 ＋ 放置時間 5分

材料（4人分）
ベビーポテト　400g
オリーブ油　大さじ1
塩　適宜
ローズマリー　2本

作り方
1　ポテトはよく洗って水気をふき、皮をつけたまま半分に切る。
2　なべに1を入れ、オリーブ油を加えてからめ、塩小さじ⅓をふって混ぜる。ローズマリーをのせて（写真）ふたをし、中火にかけて3分蒸焼きにする。弱火にして、ときどき上下を返しながら15〜20分蒸焼きにする。火を止めて5分おく。味をみて、塩少々で味を調える。

スナップえんどうの蒸焼き
水に浸してぱりっとさせてから蒸焼きにすると、しゃきしゃきの食感が楽しめます。

20cm ラウンド　加熱時間 4分

材料（2人分）
スナップえんどう　150g
油　小さじ1
A ［ 塩、砂糖、粗びき黒こしょう　各少々 ］

作り方
1　スナップえんどうはへたと筋を取り、水に3分さらして水気をきる。
2　なべに油を入れて中火にかけて熱し、1をいためる。全体に油が回ったら、Aを加えて（写真）、ふたをして弱火にし、2分蒸焼きにする。

ズッキーニの蒸焼き

大きなままのズッキーニをほおばると、まるで野菜のステーキといった味わい。

23cm オーバル　加熱時間5〜6分

材料(4人分)
ズッキーニ　2本(350〜400g)
A ┌ オリーブ油　大さじ1
　│ 塩　小さじ¼
　└ 粗びき黒こしょう　少々
塩、粗びき黒こしょう　各少々

作り方
1　ズッキーニは長さを半分に切り、縦半分に切ってAをからめる。
2　なべに1を入れて(写真)中火にかけて熱し、ふたをして弱火で5分蒸焼きにする。一度上下を返す。器に盛り、塩、こしょうを。

にんじんの蒸焼き

ごま油で焼くと、にんじんの甘さが引き立ちます。調味はやはり塩だけ。

23cm オーバル　加熱時間12分

材料(4人分)
にんじん　小2本(250g)
ごま油　大さじ½
塩　少々

作り方
1　にんじんは乱切りにする。
2　なべにごま油を入れて中火にかけて熱し、1をいためる(写真)。全体に油が回ったら塩をふり、ふたをして、中火のまま、ときどき混ぜながら10分蒸焼きにする。
＊やわらかく仕上げたい場合は、火を止めて5分おく。

ピザ風カルツォーネ

ふたをしてなべを温めておけばピザが焼けるほどの高温に。
もちもちに焼けた生地の中からチーズがとけ出します。

23cm オーバル 予熱時間**2分** + 加熱時間**10〜12分**　＊加熱時間は1人分の時間です

材料（2人分）
ヨーグルト生地　½量（p.86参照）
モッツァレッラチーズ
　（2cmの角切り）　80g分
生ハム（食べやすくちぎる）　大2枚分
ミニトマト（四つ割り）　8個分
バジル（生。ちぎる）　4枚分
打ち粉（強力粉）　適宜
オリーブ油　大さじ1

作り方
1　チーズはペーパータオルで包み、冷蔵庫に1時間おいて、水きりをする。
2　ヨーグルト生地はp.86の作り方1を参照して生地を作り、発酵させる。2倍に膨らんだら2等分に切り、ガスを抜いて表面が張るようにまとめる。ふんわりとラップフィルムをかけ、15分休ませる。
3　打ち粉をして、2の生地一つをめん棒で直径22cmの円形にのばす。生地の縁を残してオリーブ油大さじ½をぬり、向う側に1のチーズ、生ハム、ミニトマト、バジルを½量ずつのせて手前の生地をかぶせる（**a**）。縁を合わせ、内側に折り込んでしっかりと包む（**b**）。
4　なべはふたをして中火にかけて熱し、3を入れて、ふたをして中火弱の火加減にして4〜5分蒸焼きにする。上下を返し（**c**）、中火弱〜弱火にして4〜5分蒸焼きにする。残りの生地も同様の手順で成形して焼く。

フレンチトースト

卵液にバゲットを4時間以上浸してから蒸焼きに。
パンがカスタード状になっていれば成功です。

23cm オーバル　　加熱時間 8分

材料（2人分）
バゲット（4cm厚さ）　4枚
A ┌ とき卵　大1個分（60g）
　│ 牛乳　120ml
　│ 砂糖　大さじ2
　└ バニラオイル　少々
バター　大さじ1
バニラアイスクリーム（市販）　適宜
塩（あれば岩塩）、
　粗びき黒こしょう　各少々
オレンジ、ミント　各適宜

作り方
1　Aを混ぜ、ざるなどでこす。密閉容器に移し、バゲットを浸して冷蔵庫に入れ、4時間ほどおく。
2　なべにバターを入れ、中火にかけてとかす。1を入れ、弱火〜ごく弱火にしてふたをし、3分蒸焼きにする。上下を返し（写真）、ごく弱火にして3分蒸焼きにする。
3　器に2を盛り、アイスクリームをのせて塩、こしょうをふる。オレンジ、ミントを好みで添える。

63

じか蒸し

なべに食材と必要最小限の水分、調味料を加えて加熱すると"じか蒸し"ができます。いったん沸騰すれば弱火にしても蒸気が勢いよく上がって循環し、短時間で蒸し上がります。茶碗蒸しと蒸し野菜をご紹介します。

茶碗蒸し

ほんの少しゆるめの生地のおいしいこと！
鶏もも肉、かまぼこ、生しいたけと具だくさんの茶碗蒸しです。

20cm ラウンド　加熱時間 14分 ＋ 放置時間 3〜5分

材料（2人分）
- 卵　大1個（60g）
- だし汁　180ml
- A
  - 酒、うす口しょうゆ　各小さじ1
- 鶏もも肉　60g
- B
  - 塩　ごく少々
  - 酒　小さじ1
- かまぼこ（薄切り）　2枚
- 生しいたけ　1枚
- 糸三つ葉　少々

作り方

1　だし汁にAを混ぜ、とき卵に加えて混ぜ合わせ、一度こす。

2　鶏肉は1cm角に切り、Bをからめる。かまぼこは縦半分に切り、中央に切り目を入れて片方の端を通し、手綱にする。しいたけは薄切りにする。

3　耐熱の器に中央をあけて鶏肉を並べ、かまぼこ、しいたけを加えて1を注ぎ（**a**）、ラップフィルムで覆う。

4　なべに水1½カップを入れてふたをし、中火にかける。沸騰したら火を止め、厚手のクッキングシートをなべ底に敷いて3を入れる。ふたをして（**b**）、中火で1分加熱し、ごく弱火にして10分蒸す。火を止めて3〜5分おく。刻んだ三つ葉を散らす。

アレンジ　茶碗蒸しの梅あん

具なしの茶碗蒸しに梅のあんをかけて。

20cm ラウンド　加熱時間 12分 ＋ 放置時間 3分

材料（2人分）
- 卵　大1個（60g）
- だし汁　180ml
- A
  - 酒、うす口しょうゆ　各小さじ1
- B
  - だし汁　大さじ5
  - 梅干しの果肉（たたいたもの）　小さじ⅓
  - 酒　小さじ⅓
  - うす口しょうゆ　少々
  - かたくり粉　小さじ⅔
- 貝割れ菜　少々

作り方

1　だし汁にAを混ぜ、とき卵に加えて混ぜ合わせ、ざるなどでこす。耐熱の器に注ぎ、ラップフィルムで覆う。

2　なべに水1½カップを入れてふたをし、中火にかける。沸騰したら火を止め、厚手のクッキングシートをなべ底に敷いて1を入れる。ふたをして、中火で1分加熱し、ごく弱火にして8分蒸す。火を止めて3分おく。

3　小なべにBを入れ、混ぜながら火にかける。とろみがついたら2にかけ、貝割れ菜をのせる。

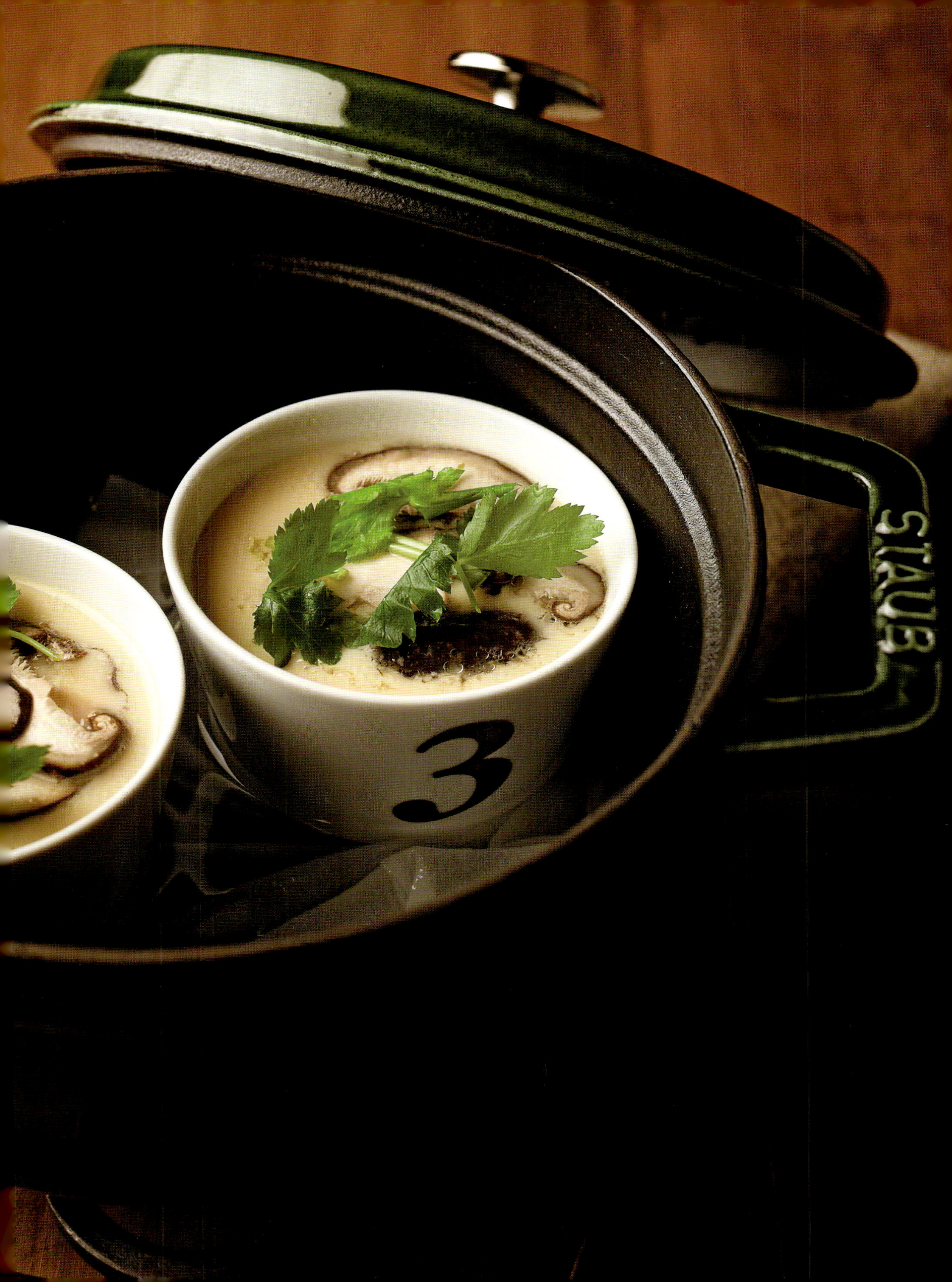
3
STAUB

枝豆蒸し
花椒としょうゆで味つけして新鮮な味わいに。

20cm ラウンド　加熱時間 6〜8分

材料（3〜4人分）
枝豆　250g
塩　適宜
A ┌ 花椒　小さじ½
　├ 赤とうがらし（小口切り）　少々
　├ しょうゆ　大さじ1½
　└ 砂糖　小さじ1

作り方
1　枝豆は塩をまぶしてこすり、洗って水気をきる。さやの両端を少し切り落とす。
2　なべに水大さじ4、1を入れ、ふたをずらしてのせて中火にかける。沸騰したらふたをして弱火にし、4〜6分、好みの加減まで火を通す。Aを入れて（写真）混ぜ、そのまま冷ます。
3　汁気を軽くきって器に盛る。

玉ねぎの梅おかかあえ
さっと蒸して甘くなった玉ねぎに酸味をプラスして。

23cm オーバル　加熱時間 5分

材料（2人分）
玉ねぎ　1個（200g）
梅干しの果肉（たたいたもの）
　　小さじ2〜3
削りがつお　1パック（5g）

作り方
1　玉ねぎはくし形に切る。
2　なべに1、水大さじ2を入れ、ふたをずらしてのせて中火にかける。沸騰したらふたをし、弱火にして3分蒸す。ふたを取り、汁気があれば飛ばす。火を止め、梅干し、削りがつおを加えてあえる（写真）。

ブロッコリーのごまあえ
風味のいい黒ごまをたっぷり加えて、より栄養豊富な一品に。

20cm ラウンド　加熱時間 7分

材料（3人分）
ブロッコリー
　小1個（正味200g）
A ┌ 黒すりごま　大さじ3
　└ 砂糖、しょうゆ　各大さじ1弱

作り方
1　ブロッコリーは軸を長めにつけて小房に分け、大きいものは食べやすく切る。水に3分さらし、水気をきる。
2　なべに**1**、水大さじ4を入れ、ふたをずらしてのせて中火にかける。沸騰したらふたをし、弱火にして5分蒸し（写真）、ざるに上げて水気をきる。 
3　ボウルにAを入れて混ぜ、**2**を加えてあえる。

カリフラワーのみそマヨかけ
大きく切ったカリフラワーを蒸し、みそマヨをつけて豪快に。

23cm オーバル　加熱時間 10〜12分

材料（4人分）
カリフラワー　1個（正味400g）
A ┌ みそ　大さじ½
　│ マヨネーズ　大さじ3
　└ 豆板醬　少々

作り方
1　カリフラワーは食べやすい大きさのくし形に切る。水に3分さらし、水気をきる。
2　なべに**1**、水⅓カップを入れ（写真）、ふたをずらしてのせて中火にかける。沸騰したらふたをし、弱火にして8〜10分蒸す。ざるに上げて水気をきり、器に盛る。混ぜたAを添える。

炊く

「ストウブ」は密閉性が高く、重い鋳鉄製のふたによって自然な圧がかかり、むらなく均等に熱が回ってご飯がおいしく炊けます。また豆料理も「ストウブ」なら、短時間でどのなべよりもふっくらと煮えます。

材料（4人分）
米　2合
かきのむき身（加熱用）
　200〜250g
かたくり粉　大さじ1
A ┌ 水　1カップ
　│ 酒　大さじ3
　│ しょうゆ　大さじ1½
　└ しょうが（せん切り）　½かけ分
ゆずの皮（せん切り）　適宜

かきご飯

かきを加熱しすぎてはおいしさも半減。
さっと煮ておき、その煮汁でご飯を炊いて後からかきを戻す方法で。

20cm ラウンド　加熱時間 15分 ＋ 放置時間 10分

作り方
1　米は洗ってざるに上げ、30分おく。
2　かきはかたくり粉をからめ、水洗いをして水気をふく。小なべにAを入れて中火で煮立て、かきを加えて2分煮る。ふっくらとしたらかきを取り出し、ラップフィルムで覆う。残った汁はそのまま冷ます。
3　なべに1を入れ、2の汁に水を足して2カップにして加え、混ぜる。ふたをわずかに開けてのせ、強めの中火にかける。煮立ったら、きちんとふたを閉めて1分炊き、ごく弱火にして9分炊く。中火にしてかきをのせ（写真）、ふたをして火を止め、10分蒸らす。さっくり混ぜ、ゆずの皮を好みで散らす。

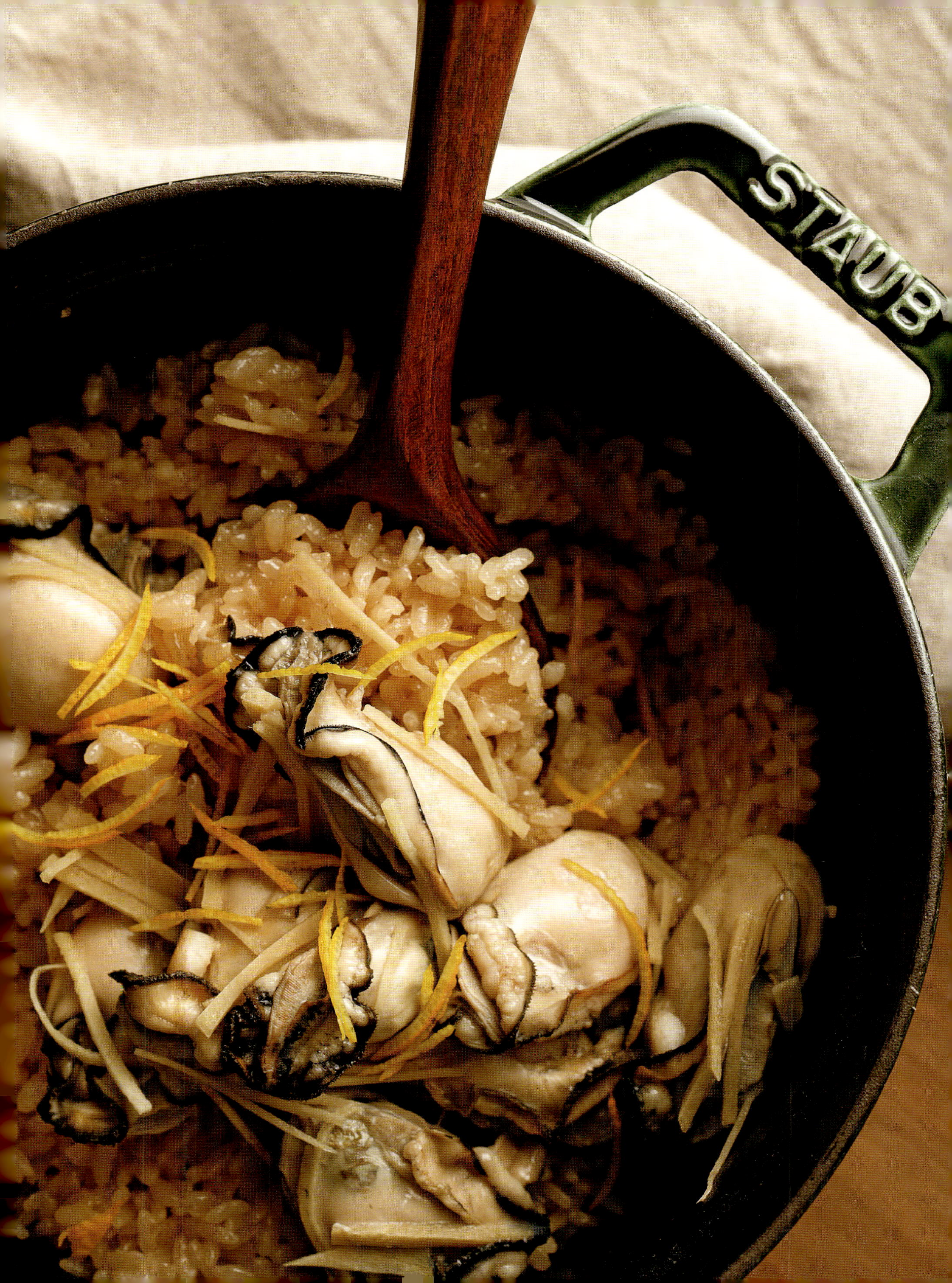
STAUB

材料(3人分)
- 米　1½合
- えび(殻つき)　6尾
- かたくり粉　少々
- ゆでたこの足　150g
- ベーコン　3枚
- オリーブ油　大さじ2
- 塩、白こしょう　各少々
- 玉ねぎ(みじん切り)　小1個分(150g)
- にんにく(みじん切り)　1かけ分
- カレー粉　小さじ2
- トマト(1cm角に切る)　1個分(150g)
- 赤パプリカ(1cm角に切る)　1個分
- 白ワイン　大さじ2
- A ┌ 熱湯　1½カップ
   │ チキンコンソメのもと　½個
   └ 塩　小さじ⅓
- レモン(くし形切り)　3切れ

えびとたこのパエリャ

たこの食感がご飯によくなじんだボリュームたっぷりの一品。
サフランではなくカレー粉を使った、作りやすいレシピです。

20cm ラウンド　加熱時間26分 ＋ 放置時間8～10分

作り方

1　えびは尾の先を斜めに切り落とし、背に切込みを入れて背わたを除く。かたくり粉をからめ、洗って水気をふく。たこは1cm幅に切る。ベーコンは1cm幅に切る。

2　なべにオリーブ油大さじ½を入れて中火にかけ、えびを焼く。色が変わったら返し、あいたところにたこを入れてさっといためる。全体に塩、こしょうをふり、取り出す。

3　2のなべをペーパータオルでふき、オリーブ油大さじ1½を入れて中火にかけ、玉ねぎ、にんにくをさっといためる。ふたをして中火弱の火加減にし、玉ねぎがしんなりとするまで蒸らしいため☆にする。ベーコンを加えてさっといため、米を洗わずに加えていため合わせる。

4　米が透き通ったら、カレー粉を加えて(a)手早くいため、トマト、パプリカを加えてさっといため合わせる。白ワインをふって煮立て、混ぜたAを注いでなべ底を混ぜる。きちんとふたをして弱火にし、10分炊く。

5　4に2をのせて(b)ふたをし、火を止めて8～10分蒸らす。さっくり混ぜて器によそい、レモンを添える。

☆蒸らしいためはp.40参照

きのこのリゾット

きのこだけとは思えない、濃厚なうまみが味わえます。
ところどころでふたを使って効率よく炊いていきます。

20cm ラウンド　加熱時間 **21**分 ＋ 放置時間 **5〜8**分

材料（2人分）
米　1合
しめじ　½パック
白まいたけ　½パック
生しいたけ　2枚
玉ねぎ（みじん切り）
　¼個分（50g）
にんにく（みじん切り）　少々
オリーブ油　大さじ1
バター　大さじ1
白ワイン　大さじ2
A ┌ 熱湯　1¾〜2カップ
　└ チキンコンソメのもと
　　　½個
パルミジャーノ・レッジャーノ
（おろす）　適宜
塩、粗びき黒こしょう　各少々
＊きのこは3種類を合わせて約150gになるようにする。

作り方

1　しめじ、まいたけは石づきを落としてほぐす。しいたけは薄切りにする。

2　なべにオリーブ油を入れて中火弱の火にかけ、玉ねぎ、にんにくをさっといためる。ふたをして、玉ねぎがしんなりとするまで蒸らしいため☆にする。米を洗わずに加えていため合わせ（**a**）、透き通ったら、バターを加えてとかし、**1**を加えて（**b**）いためる。

3　白ワインをふって煮立て、混ぜたAの1カップ分を注いでなべ底を混ぜる。きちんとふたをして、中火弱のまま1分炊き、弱火にして8分炊く。Aの½カップ分を加え、混ぜながら煮立てる。再びふたをして火を止め、5〜8分蒸らす。

4　**3**のふたを取り、中火にかけて温める。残りのA、チーズ大さじ4を加えて混ぜ、味をみて、塩で味を調える。器によそってチーズ適宜をかけ、こしょうをふる。

☆蒸らしいためはp.40参照

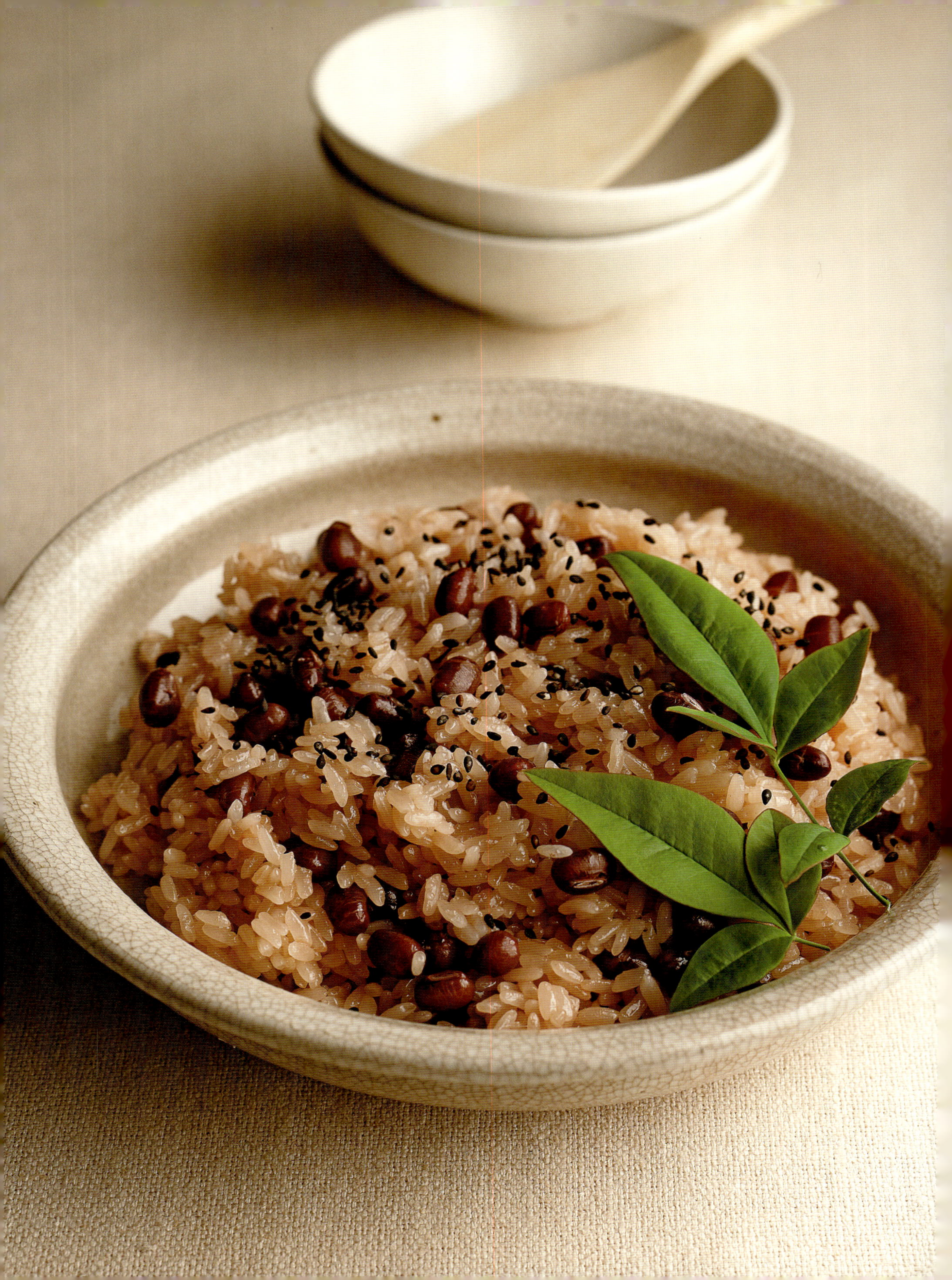

赤飯

おめでたい日には「ストウブ」で赤飯を炊きましょう。
小豆ももち米もふっくら炊けておいしいこと！

20cm ラウンド　加熱時間29分 ＋ 放置時間20分

材料（6人分）
もち米　3合
赤飯用小豆（またはささげ）　½合
A［黒いりごま、塩　各適宜
南天の葉　適宜

作り方

1　小豆は洗う。浮いてくる豆や虫食いは捨てる。

2　小なべに小豆とたっぷりの水を入れて中火にかけ、沸騰したら弱火にし、3～4分ゆでたら（**a**）ゆでこぼす。

3　なべに**2**、水3カップを入れてふたをずらしてのせ、中火にかける。沸騰したらふたをし、ごく弱火にして、ときどき混ぜながら15分かためにゆでる。火を止めて10分おく（**b**）（小豆がかたすぎる場合は、再び火にかけて煮立て、火を止めて5分おく）。ゆで汁と小豆を分ける。ゆで汁は冷まし、水を足して380〜400mlにする。

4　もち米は洗ってざるに上げ、30分おく。

5　**3**のなべを洗ってふき、**4**、**3**のゆで汁を注いで（**c**）小豆をのせる。ふたをわずかに開けてのせ、中火強の火にかける。煮立ったら、きちんとふたを閉めて1分炊き、ごく弱火にして9分炊く。火を止めて10分蒸らす。さっくり混ぜて（**d**）、器によそう。Aのごま塩をふり、あれば南天の葉を添える。

＊小豆をやわらかくゆですぎたときは、途中で加えるか仕上げに加えて蒸らすといい。

お汁粉

豆を煮炊きするときは、加熱と余熱の調理を
交互に行なうと光熱費の節約に。これぞ「ストウブ」エコレシピです。

20cm ラウンド　加熱時間約45分 ＋ 放置時間45分

材料（4〜5人分）
小豆　1カップ
砂糖　130〜150g
塩　少々
切り餅　4〜5個

作り方
1　小豆は洗い、浮いてくる豆や虫食いは捨てる。小なべに小豆とたっぷりの水を入れて中火にかけ、沸騰したら弱火にし、3〜4分ゆでたらゆでこぼす。
2　なべに1、水3½〜4カップを入れて中火にかける。沸騰したらふたをし（a）、ごく弱火にして、ときどき混ぜながら30分ゆでる。火を止めて20分おく。再び中火にかけ、沸騰したら火を止めて20分おく。小豆がつぶれるくらいのやわらかさになるまで、これを繰り返す。
3　2を中火にかけ、砂糖を加えて混ぜ、一煮する（b）。塩を加え、火を止めてふたをし、5分おく。
4　餅はオーブントースター（または焼き網）に入れ、焼き色がつくまで焼く。
5　3のゆで汁が少ないときは水を足し、好みで小豆をつぶして火にかける。温まったら器に盛り、4をのせる。

おはぎ

里芋入りのご飯のもちもちつるりとした食感がよく、
もち米のご飯とは一味違うおいしさのおはぎです。

20cm ラウンド　14cm ラウンド　加熱時間50分 ＋ 放置時間45分
＊加熱時間と放置時間は小豆あんの時間です。

材料（12個分）
小豆　1カップ
砂糖　130〜150g
塩　適宜
米　1合
里芋　大2個

作り方
1　小豆はゆでる（「お汁粉」の作り方1、2を参照）。
2　1の汁気が多い場合は少し捨てる。砂糖を2回に分けて加えて（a）混ぜ、中火にかける。煮立ったら弱火にし、ときどき混ぜながら煮つめて塩少々で味を調える。火を止め、好みで小豆をつぶし（b）、そのまま冷ます。
3　米は洗ってざるに上げ、30分おく。里芋は皮をむき、2cm角に切る。塩小さじ½でよくもみ、ぬめりを流水で洗って水気をきる。
4　なべ（14cmのラウンド）に3の米、水1カップを入れて里芋をのせる（c）。ふたをわずかに開けてのせ、中火にかける。煮立ったら、きちんとふたを閉めて1分炊き、ごく弱火にして9分炊く。火を止めて10分蒸らす。さっくり混ぜ、ラップフィルムで覆ったすりこぎなどでご飯と里芋をつぶす（d）。12等分にして俵形にまとめ、粗熱を取る。
5　ラップフィルムに2を½量ずつ広げ、4をのせてあんこで包むように形作る。

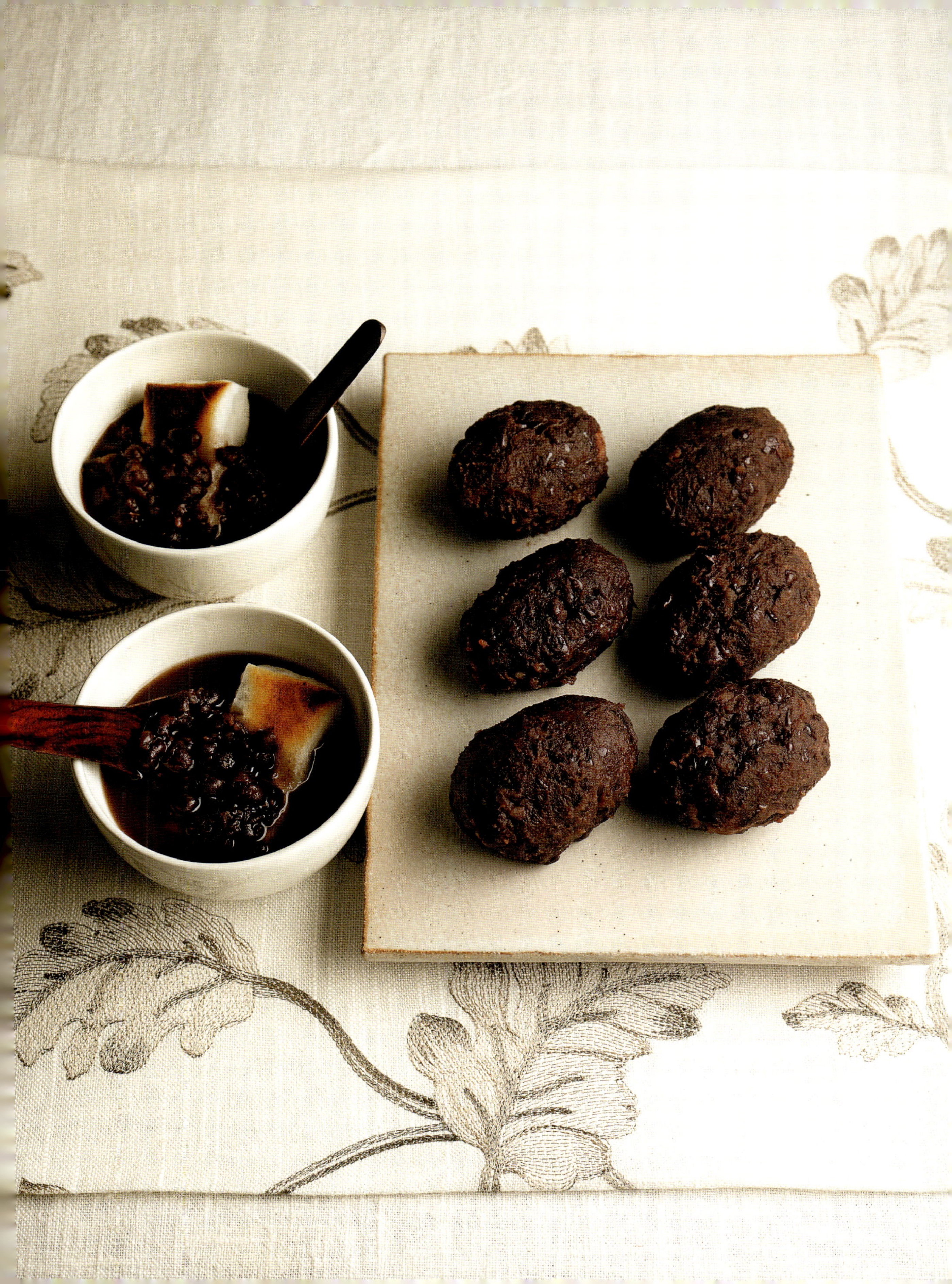

揚げる

体のためにも揚げ物は、質のいい植物油で揚げたいものです。保温力が高い「ストウブ」は揚げ油の温度を一定に保つので、何でもからっと揚げられて、料理の腕前が上がったように感じられるほど。ここではおやつ2品を紹介します。

じゃがいもスナック

すりおろしたじゃがいもに上新粉を混ぜて作るスナック。渦巻き状に揚げますが、食べやすく折って召し上がれ。

20cm ラウンド　加熱時間 18〜22分

材料（作りやすい分量）
じゃがいも　2個（正味200g）
A ┌ 上新粉　120g
　├ 砂糖　大さじ1
　├ ベーキングパウダー　小さじ1
　├ 塩　小さじ¼
　└ 油（あれば米油）　大さじ1
揚げ油（あれば米油）　適宜

作り方

1　ボウルにAを入れて混ぜる。じゃがいもは皮をむいてすりおろし、ボウルに加えて泡立て器などで混ぜ合わせる。太めの星形の口金をつけた絞り出し袋に入れる。

2　なべに揚げ油を5cmの深さに入れて160℃に熱し、1を渦巻き状に絞り入れる（写真）。ときどき上下を返しながら3〜4分揚げ、火を強めてさっと揚げる。かりっとしたら、ペーパータオルにとって油をきり、粗熱が取れたら器に盛る。

＊生地がかたい場合はすりおろしたじゃがいも少々を加え、やわらかい場合は上新粉少々を加えて調整する。

＊絞り出し袋の口金は星形を使うことで、かりっと揚がる。

黒ごまドーナッツ

沖縄のサーターアンダギー風のドーナッツ。幅広い年代に愛される食べやすい味です。

20cm ラウンド　加熱時間 8〜9分

材料（作りやすい分量）
卵　1個
砂糖　大さじ5
A ┌ 牛乳　大さじ3〜4
　├ バニラオイル（または
　│　バニラエッセンス）　少々
　└ バター（600Wの電子レンジに
　　　30秒かける）　20g
B ┌ 薄力粉　150g
　└ ベーキングパウダー　小さじ1
黒いりごま　大さじ1
揚げ油　適宜

作り方

1　ボウルに卵をときほぐし、砂糖を加えて泡立て器ですり混ぜる。白っぽくなったら、Aを加えてよく混ぜる。Bをふるい入れ、ゴムべらでさっくり混ぜる。ごまを加え、さっと混ぜ合わせる。

2　1をラップフィルムで覆い、冷蔵庫に30分入れて休ませる。

3　揚げ油を160℃に熱し、2をスプーンですくって入れる（写真）。生地が固まったら、ときどき返しながら、4〜5分揚げる。火を強めてさっと揚げ、かりっとしたら、ペーパータオルにとって油をきる。

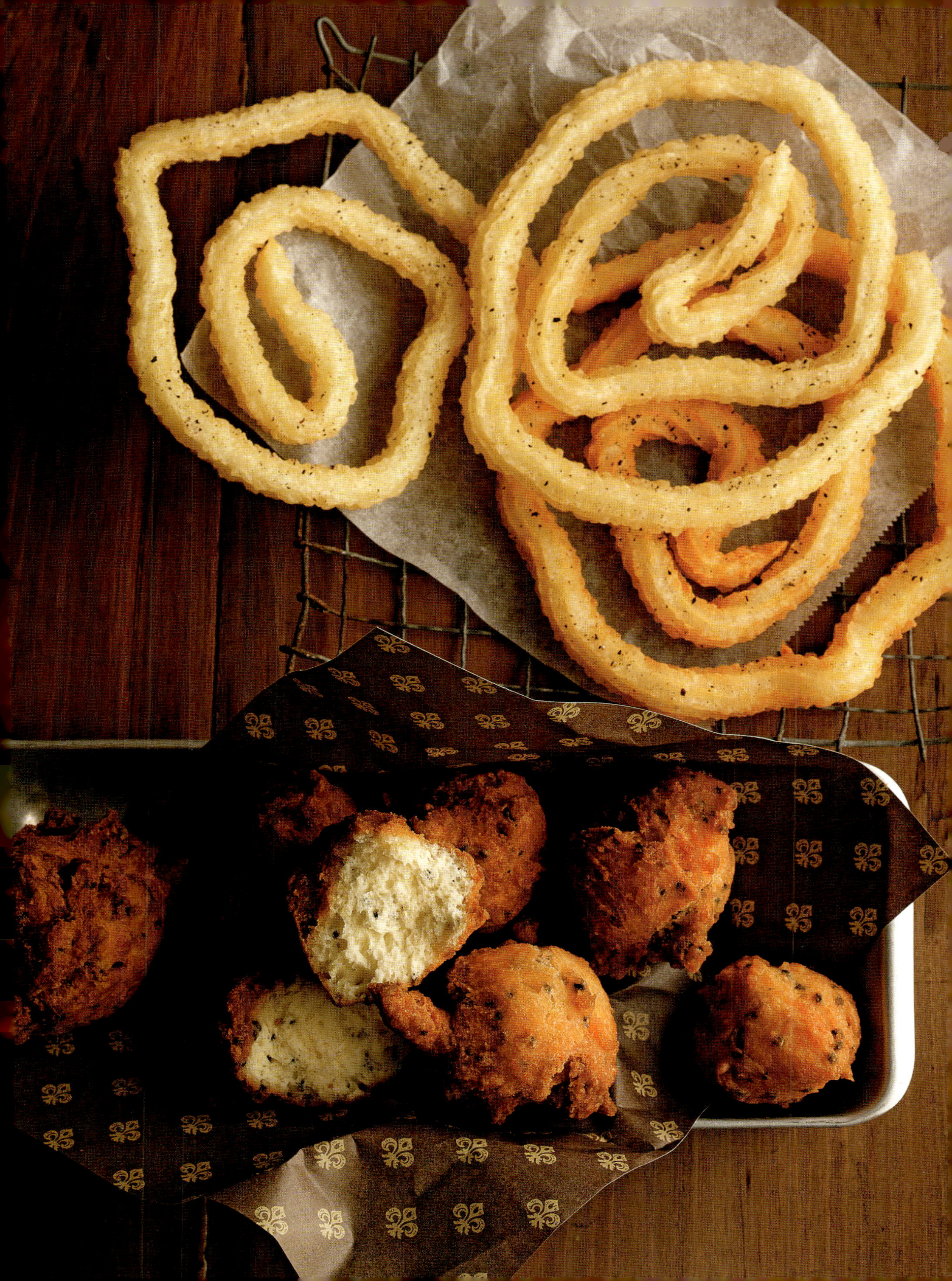

たっぷり作ってアレンジを楽しんだり、パンや燻製作りまで。

22cm　ラウンド

塩豚ポトフー

豚肉は塩をして1～2日おくだけで、うまみが醸し出されます。
「ストウブ」でコトコトと煮て極上のスープを楽しみましょう。

22cm ラウンド　加熱時間 1時間30分

材料（4人分）
豚肩ロース肉（塊）
　1本（400～600g）
粗塩　小さじ1 1/8～1 1/4
粗びき黒こしょう　少々
玉ねぎ　1個（200g）
にんじん　大1本（200g）
セロリ　1本（正味100g）
じゃがいも（メークイン）　大2個
キャベツ　1/4個
A ┌ 水　4 1/2カップ
　│ 酒　1/2カップ
　│ ローリエ　1枚
　└ チキンコンソメのもと　1個
粒マスタード　適宜

作り方

1　豚肉は四つに切り、清潔な手で塩、こしょうをすり込んで保存袋に入れる（**a**）。空気を抜いて口を閉じ、冷蔵庫に1～2日おく。

2　調理する1時間前に1を冷蔵庫から出し、室温に戻す。豚肉は洗って水気をふく。

3　玉ねぎは四つ割りにする。にんじんは縦半分に切り、長さを半分に切る。セロリは筋を取り、4等分に切る。じゃがいもは皮をむいて半分に切り、水にさらして水気をきる。キャベツは2等分のくし形に切る。

4　なべに2とAを入れて（**b**）中火で煮立て、弱火にして、あくをすくいながら3分煮る。ふたをしてごく弱火にし、1時間煮る。玉ねぎ、にんじん、セロリ（**c**）、じゃがいもを加え、ふたをして10分煮る。キャベツを加え、同様に10分煮る。野菜に火が通ったら（**d**）器に盛り、粒マスタードを添える。

＊残ったスープにウィンナーソーセージや好みの野菜を足して煮てもおいしい。

アレンジ
塩豚のリエット風

ポトフーの塩豚をフードプロセッサーにかけ、バターを混ぜるだけです。

材料（作りやすい分量）
「塩豚ポトフー」の豚肉
　（脂身の多いもの）　80g
A ┌ バター（室温において
　│ 　少しやわらかくしたもの）
　│ 　大さじ1～2
　│ 塩、粗びき黒こしょう、
　└ 　ゆずこしょう　各少々
好みのパン　適宜

作り方

1　豚肉は汁気をふき、フードプロセッサーに入れて、肉の粒が少し残る程度に攪拌する。密閉容器に移し、冷蔵庫に1時間おく。

2　1にAを加えて混ぜ、再び冷蔵庫に入れて1時間おき、冷やし固める。パンにつけていただく。

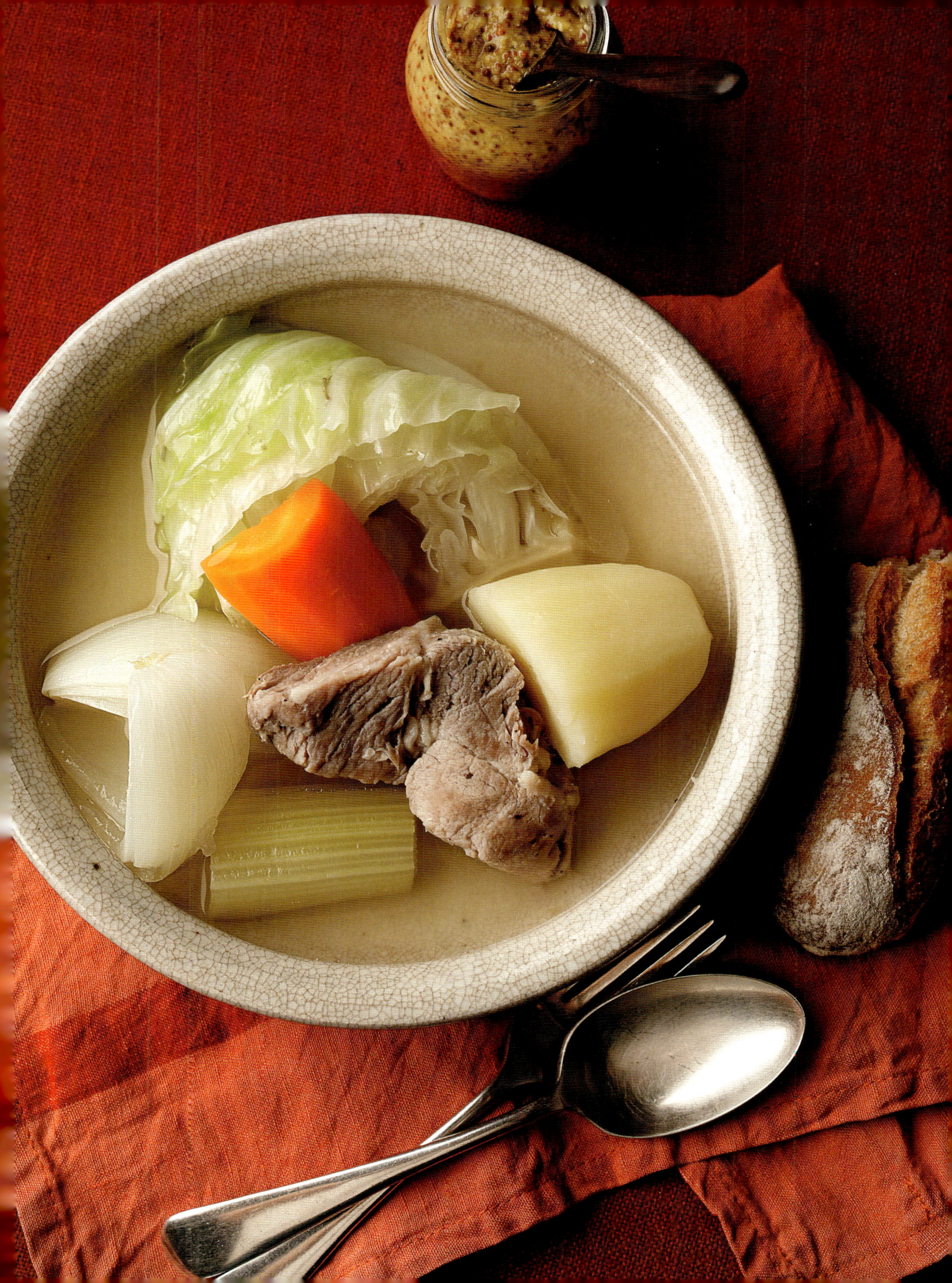

黒豆のみつ煮

みつの中にやわらかく煮て形のいい黒豆を入れ、味を煮含めます。
残りの黒豆は黒豆と豚肉のトマト煮に使います。

22cm ラウンド　加熱時間約**4**時間　＋　放置時間約**2**時間

材料(作りやすい分量)
黒豆　1袋(250g)
A ┌ 水　2カップ
　 └ 砂糖　½カップ
砂糖　½〜⅔カップ

作り方
1　黒豆は洗って水気をきる。なべに水6カップを入れて沸騰させ、黒豆を入れる。再び沸騰したらふたをし、火を止めてそのまま冷ます。
2　1のふたをずらしてのせ(a)、中火にかける。煮立ったら、ふたをしてごく弱火でときどきなべ底から混ぜながら、3〜4時間ゆでる(途中で火を止めて、余熱で加熱してもいい)。黒豆がやわらかくなったら、火を止めて冷ます。
3　2の黒豆(b)を水にとり、割れたものや皮のむけたものを取り分け、ざるに上げて水気をきる。
4　なべにAを入れてふたをずらしてのせ、中火で煮立てて黒豆約400g分を加える(c)。再び煮立ったらふたをし、火を止めてしばらく冷ます。
5　4に砂糖を加えて(d)混ぜ、火にかける。煮立ったら、あくをすくってふたをし、火を止めて冷ます。
6　5を密閉容器に入れて冷蔵庫で保存する。5日以上たったら火を入れて冷まし、保存するとさらにもつ。

＊すぐに使わない分は、ゆで汁ごと保存袋に入れて冷凍するといい。

a　b　c　d

アレンジ
黒豆と豚肉のトマト煮
残った黒豆をこってりとしたうまみ充分な洋風の煮物に。

22cm ラウンド　加熱時間45分 ＋ 放置時間5〜10分

材料(4人分)
黒豆(ゆでたもの)　約200g
豚肩ロース肉(塊)　1本(400g)
A ┌ 塩　小さじ½
　 └ 粗びき黒こしょう　少々
ベーコン(塊。または
　ウィンナーソーセージ)　100g
玉ねぎ(粗みじん切り)
　1個分(200g)
オリーブ油　大さじ1
B ┌ セロリの茎、
　 │　パセリの茎　各適宜
　 └ ローリエ　1枚
C ┌ 水　1カップ
　 │ トマト(カット缶詰)
　 │　½缶(200g)
　 │ 酒　大さじ2
　 └ チキンコンソメのもと　½個
塩、粗びき黒こしょう　各少々

作り方
1　豚肉は1cm幅に切り、Aをふる。ベーコンは2cm幅に切る。
2　なべにオリーブ油を入れて中火にかけ、玉ねぎをさっといためる。ふたをして中火弱の火加減にして、蒸らしいため☆にする。しんなりとしたら、豚肉を加えていためる。肉の色が変わったら、たこ糸で縛ったBと、Cを加えて混ぜる。
3　煮立ったら、あくをすくってふたをし、ごく弱火にして20分煮る。ベーコン、黒豆を加え混ぜ、再び煮立ったらふたをして10分煮る。火を止めて5〜10分おく。
4　3を火にかけて温め、塩、こしょうで味を調える。
☆蒸らしいためはp.40参照

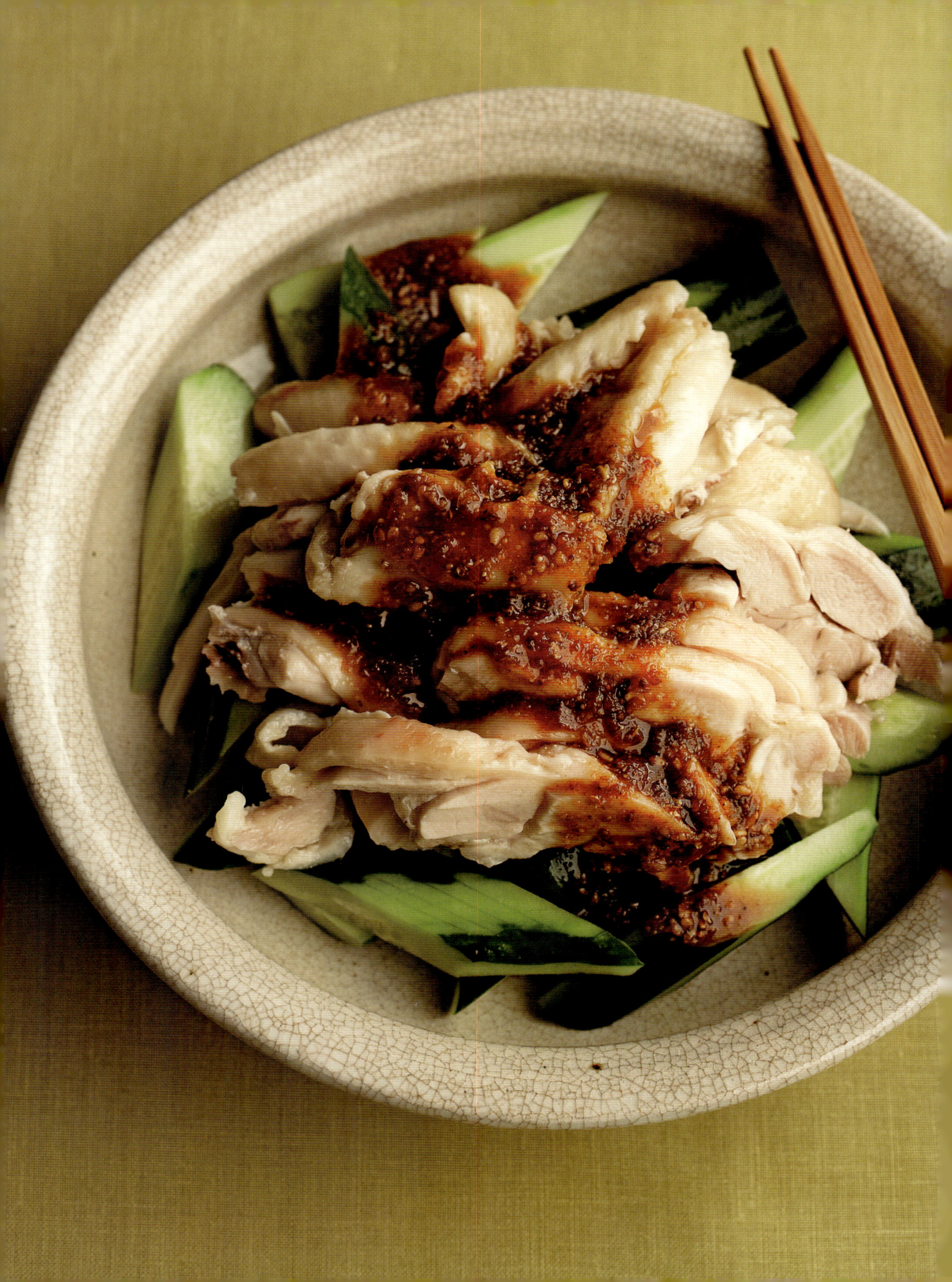

蒸し鶏の四川風ピリ辛だれかけ

蒸し鶏はアレンジがきくので、多めに作って冷蔵しておくと
手間が省けて便利です。まずは四川風のピリ辛だれで召し上がれ。

22cm ラウンド　加熱時間12分 ＋ 放置時間30分

材料（作りやすい分量）
鶏もも肉　1枚（300g）
鶏手羽先　8本
塩　小さじ½
A ┬ 長ねぎ（青い部分）　1本分
　├ しょうが（薄切り）　1かけ分
　└ 酒、水　各大さじ2
きゅうり　2本
B ┬ 白すりごま　大さじ2
　├ にんにく（すりおろす）　少々
　├ しょうゆ　大さじ2
　├ 砂糖　大さじ1½
　├ ごま油　大さじ½
　├ 豆板醤　小さじ¼
　├ ラー油　適宜
　├ 花椒粉　適宜
　└ シナモンパウダー
　　　（または五香粉）　少々

作り方
1　鶏もも肉は水気をふく。手羽先は関節に包丁を入れ、先を切り落として水気をふく。合わせてボウルに入れ、塩をまぶして室温に20分おく。
2　なべに1を重ならないように並べ、Aを入れる（**a**）。ふたをずらしてのせて中火にかけ、煮立ったらふたをし、ごく弱火にして10分蒸す。途中で上下を返す。火を止め、そのまま冷ます（**b**）。
3　蒸し鶏の⅔量は食べやすく切る。きゅうりは縦にところどころ皮をむき、縦半分に切る。細かく切り目を入れながら、2cm幅の斜め切りにする。
4　器にきゅうりを盛って蒸し鶏をのせ、よく混ぜたBをかける。
＊残った蒸し鶏を冷蔵保存する場合は、耐熱の密閉容器に蒸し汁ごと入れて保存する。蒸し汁が固まるので、食べるときに電子レンジで温めるといい。

アレンジ
蒸し鶏の冷やしめん

蒸し汁を利用したつゆのやさしい味が後を引くおいしさです。

材料（2人分）
中華生めん　2玉
蒸し鶏　⅓量
蒸し鶏の蒸し汁　100〜120mℓ
A ┬ 長ねぎ（みじん切り）　50g
　├ しょうが（みじん切り）
　│　　1かけ分
　├ ごま油　大さじ1
　└ 塩、粗びき黒こしょう　各少々
塩　小さじ⅓
もやし　1袋（250g）
香菜（ざく切り）　適宜

作り方
1　耐熱のボウルにAを入れて混ぜ、ラップフィルムをかけずに600Wの電子レンジで30秒加熱し、さらに混ぜる。
2　蒸し汁に湯を足して¾カップにし、塩を加えて混ぜる。
3　なべにたっぷりの湯を沸かし、めんを入れて袋の表示時間どおりにゆでる。ゆで上がる2分前にもやしを加え、一緒にざるに上げて水気をきる。冷水にとってめんを洗い、ぬめりを取る。ざるに上げ、しっかりと水気をきる。
4　器に3を盛り、食べやすく切った蒸し鶏をのせて2をかける。1をのせ、香菜を好みで添える。

ソフトベーコン

紅茶の葉と砂糖を利用して作る燻製をご紹介しましょう。
茶葉とカラメル風味の燻製はくせがなく食べやすいので気に入っています。

22cm ラウンド　　加熱時間**23**分　＋　放置時間**10**分

作り方

1 豚肉は清潔な手でAをすり込み、保存袋に入れる（**a**）。空気を抜いて口を閉じ、冷蔵庫に入れて1〜2日おく。
2 調理する1時間前に**1**を冷蔵庫から出し、室温に戻す。豚肉は水気をふき、半分に切る。
3 なべ底にアルミフォイルを、穴をあけないように敷きつめ（周囲を2〜3cm立ち上げる）、1〜2cm太さの棒状にしたアルミフォイル2本を平行に置き、混ぜたBを敷く（**b**）。さらにクッキングシートを敷いて（**c**）**2**をのせ、ふたをせずに中火にかける。
4 煙が出てきたらふたをして（**d**）、ごく弱火にして20分いぶす。火を止めて10分おく。
5 **4**に竹串を刺して（**e**）、透明な汁が上がってきたらでき上り。食べやすく切って器に盛り、クレソン、粒マスタードを添える。

＊使い終わったアルミフォイルとクッキングシートは、ステンレスのボウルなどに入れて、火が消えたのをしっかりと確認してから捨てる。
＊豚肉は2cm厚さに切ったロース肉を使用しても。

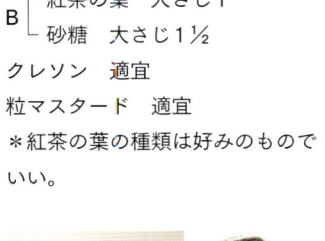

材料（作りやすい分量）
豚バラ肉（塊）　1本（250〜300g）
A ┌ 粗塩、砂糖　各小さじ⅔
　└ 粗びき黒こしょう　少々
B ┌ 紅茶の葉　大さじ1
　└ 砂糖　大さじ1½
クレソン　適宜
粒マスタード　適宜
＊紅茶の葉の種類は好みのものでいい。

鮭の燻製

ソフトベーコンとまったく同じ方法で鮭のはらすを燻製にします。

22cm ラウンド　加熱時間13分 ＋ 放置時間5分

材料（作りやすい分量）
甘塩鮭のはらす　3切れ（200g）
A ┌ 緑茶の葉　大さじ1
　└ 砂糖　大さじ2

作り方

1 はらすは室温に戻す。
2 なべ底にアルミフォイルを穴をあけないように敷きつめ（周囲を2〜3cm立ち上げる）、1〜2cm太さの棒状にしたアルミフォイル2本を平行に置き、混ぜたAを敷く。さらにクッキングシートを敷いて**1**をのせ、ふたをせずに中火にかける。
3 煙が出てきたらふたをして、ごく弱火にして10分いぶす。火を止めて5分おく。

＊使い終わったアルミフォイルとクッキングシートは、ステンレスのボウルなどに入れて、火が消えたのをしっかりと確認してから捨てる。

シナモンロールパン

発酵しやすいヨーグルト生地をなべで焼き上げます。
p.46のナン、p.62のカルツォーネもまったく同じ生地で作っています。

22cm ラウンド　加熱時間39〜45分

材料(作りやすい分量)

ヨーグルト生地

A
- 強力粉　300g
- ドライイースト　4g
- 砂糖　大さじ2

B
- 塩　小さじ1
- プレーンヨーグルト　70g
- ぬるま湯　130〜140ml
- 油　大さじ1

具材
- レーズン　大さじ3

C
- 砂糖　大さじ3〜4
- シナモンパウダー　小さじ1/2〜2/3

打ち粉(強力粉)　適宜

作り方

1　ボウルにAを入れてさっと混ぜ、Bを加えて、指先で回しながら混ぜる(**a**)。生地がまとまってきたら(**b**)、めん台(または大きめのまな板や調理台)に移し、100〜150回たたきつける(またはよくこねる)(**c**)。なめらかになったら、表面がぴんと張るように、生地を下に巻き込むようにまとめ、寄せた生地をとじてボウルに戻す。固く絞ったぬれぶきんをかけ(**d**)、温かいところに40分〜1時間おいて発酵させる。約2倍の大きさになったらガスを抜いて丸め、ボウルに入れてふんわりとラップフィルムをかけ、15分休ませる。

2　レーズンはざるに入れ、熱湯をかけて水気をきる。

3　打ち粉をして、1の生地をめん棒で30cm四方にのばす。向う側を1〜2cm残して混ぜたCをふり、2を散らす。手前からくるくると巻いて(**e**)しっかりとじ、8等分に切る(**f**)。

4　なべに円形に切ったクッキングシートを敷き、3を入れる(**g**)。ふたをして、約2倍に膨らむまで、25分ほどおいて発酵させる(冬は30分ほどおく)(**h**)。

5　4を中火にかけて2〜3分蒸焼きにし、ごく弱火にして25分蒸焼きにする。火を止めてふたを取り、円形に切ったクッキングシートをかぶせる。まな板などになべごと裏返してパンを移し(**i**)、クッキングシートごとパンをすべらせるように戻し入れる。再びふたをしてごく弱火にかけ、10〜15分蒸焼きにする。

今泉久美 いまいずみ・くみ

1963年、山梨県生れ。女子栄養大学卒業。料理研究家、栄養士。女子栄養大学栄養クリニック特別講師。塩分摂取量や栄養バランスに配慮したレシピやダイエットの指導に定評がある。テレビ、雑誌、書籍などで活躍。著書に『「ストウブ」でいつもの料理をもっとおいしく！』『貧血改善レシピ 鉄分とれれば元気できれいに！』（共に文化出版局刊）など多数。
ホームページ http://www.imaizumi-kumi.com

アートディレクション	昭原修三
デザイン	植田光子
撮影	木村 拓（東京料理写真）
スタイリング	綾部恵美子
取材協力	佐藤友恵
校閲	山脇節子
編集	浅井香織（文化出版局）
協力	木屋

小さめの「ストウブ」で早く楽にもっとおいしく！

発　　行　2012年11月25日　第1刷

著　者　今泉久美
発行者　大沼 淳
発行所　学校法人文化学園　文化出版局
　　　　〒151-8524　東京都渋谷区代々木3-22-7
　　　　電話03-3299-2565（編集）
　　　　　　03-3299-2540（営業）
印刷・製本所　株式会社文化カラー印刷

©Kumi Imaizumi 2012 Printed in Japan
本書の写真、カット及び内容の無断転載を禁じます。

本書のコピー、スキャン、デジタル化等の無断複製は著作権法上での例外を除き、禁じられています。
本書を代行業者等の第三者に依頼してスキャンやデジタル化することは、たとえ個人や家庭内での利用でも著作権法違反になります。

文化出版局のホームページ http://books.bunka.ac.jp/　書籍編集部情報や作品投稿などのコミュニティサイト http://fashionjp.net/community/